信息化背景下体育教学与转型

刘玲玲　吴　江　著

吉林科学技术出版社

图书在版编目（CIP）数据

信息化背景下体育教学与转型 / 刘玲玲，吴江著
. -- 长春：吉林科学技术出版社，2023.8
ISBN 978-7-5744-0801-2

Ⅰ. ①信… Ⅱ. ①刘… ②吴… Ⅲ. ①信息技术-应
用-体育教学-教学研究 Ⅳ. ①G807.01-39

中国国家版本馆 CIP 数据核字(2023)第 170670 号

信息化背景下体育教学与转型

著　刘玲玲　吴　江
出 版 人　宛　霞
责任编辑　孟祥北
封　　面　许　康
制　　版　陶　勇
开　　本　710mm×1000mm 1/16
字　　数　205 千字
印　　张　11.5
版　　次　2024 年 1 月第 1 版
印　　次　2024 年 1 月第 1 次印刷
出　　版　吉林科学技术出版社
发　　行　吉林科学技术出版社
地　　址　长春市福祉大路 5788 号出版大厦
邮　　编　130021
网　　址　www.jlstp.net
印　　刷　三河市悦鑫印务有限公司
书　　号　ISBN 978-7-5744-0801-2
定　　价　87.00 元

前　　言

随着信息技术的快速发展，人类正由工业社会步入信息化社会，信息时代悄无声息地到来了。多媒体技术和网络技术的快速发展强烈冲击着当代的教育思想、观念、模式、方法、手段。信息技术与体育教学的深度融合是信息技术与体育课程整合的根本性目标，也是教育信息化发展的必然趋向。信息技术对体育教学的影响不能只是停留在"整合"阶段，即仅仅将信息技术运用到单一的教学方法、教学手段中，只是强调信息技术给体育课堂带来的变化。信息技术更重要的"使命"是深度融入体育教学的方方面面，在改善"教与学的环境"和"教与学的方式"的基础上去实现教育系统结构性变革。

体育教育是有目的、有组织的教育过程，随着社会发展对人才要求的不断提高以及当前我国对体育教育改革的重视，如何更加科学与合理地进行体育教育改革，以进一步提高体育教学质量、提升体育教学效果、促进学生全面发展，是当前我国体育教育研究的重要课题。

全书分为六章，第一章主要阐述了体育教学的科学认识，第二章主要阐述了信息化时代背景下的体育教学，第三章主要阐述了现代教育信息技术与体育教学的融合研究，第四章主要阐述了信息化时代体育教学方法的革新与发展探索，第五章主要阐述了信息化时代体育教学模式的更新与发展探索，第六章主要阐述了高校体育教学信息化建设探索。

为了确保相关内容的丰富性和多样性，笔者在创作过程中曾参考了相关的文献、资料，在此向相关专家表示衷心的感谢。

最后，由于笔者水平有限，书中难免存在疏漏，在此，恳请各位读者批评指正！

编　著
2023 年 3 月

目　　录

第一章　体育教学的科学认识

近年来，随着体育教学改革的不断深入，越来越多的人积极地参与体育教学理论的研究和探索，关于体育教学论的文章和书籍日渐增多。这些现象表明，体育教学中关于理论的研究和教材的完善呈现一片欣欣向荣的景象，体育教学越来越科学化。

第一节　体育的起源与发展

一、体育的概念

长期以来，学术界对"体育"一词的理解一直存在分歧，通常认为：体育是人们强身健体、延年益寿的有效方法，与德智美劳组成了教育整体。它通常以竞技的方式出现在人们的日常生活中，极大地丰富了人们的文化生活，同时也加强了国家与国家之间的联系。研究者们把体育分为广义和狭义两种。广义体育是一种有组织、有意识的社会活动。这种社会活动的目的是通过身体运动来强身健体，使人的各方面综合发展，增加社会文化活动的内容，推动社会精神文明的进步。狭义的体育是一个授业的过程。它的内容包括增强身体素质，向人们教授体育锻炼的基本知识和技能，并且进行道德品质方面的教育，是塑造人的体型的过程，是教学中非常重要的部分，是衡量一个人是否全面发展的一个重要的标准。

通过上述内容，我们发现无论人们对"体育"的理解有多大的差异，但有两点是基本相似的，即对"手段"和"目的"的理解：所有人都承认"体育"的基本手段是"身体练习"（或"人体运动"），而这种手段总是具有一定的非功利性目的。

二、体育的起源

总体看来，体育的起源并不是一个简单的过程：在长期的劳作技能的练习及模仿活动中，身体教育的行为产生了。这种行为泛指组织化的身体行为；在最初的竞技形式中形成，而这种竞技形式是从产生族群部落首领的祭祀典礼和成年礼仪中衍生出来的。还有一些消遣性质的身体行为大多是模仿动物的行为或者是对日常劳作活动或军事活动的模拟。各种各样的运动形式有一些是从远古人类祖先流传下来的活动中而来。一部分是变异的劳作活动和军事活动。这种无论是时间、空间还是最终目的都与现实的军事及劳作过程分隔开的身体上的行动被称为原始体育，其形成时间大约在 15 000 年前的中石器时代。而弓箭的发明和各种巫术化身体活动的出现，正是原始体育形成的主要标志。

三、体育的发展

（一）历史回顾——追溯体育的发展轨迹

1. 体育活动的萌芽

原始人的生存环境极为严峻，他们只能依靠自己的体力，凭借自己的智慧，同恶劣的自然环境进行较量，通过打猎、采集、捕鱼等方式获取生活所必需的食物。在悠悠岁月的历史长河中，在血和泪的教训下，我们的祖先深深地懂得，强壮的身体是生活的前提。

为了生存，更为了发展，原始人不得不学会了奔跑、投掷、攀登、爬越、泅水……这些行为既是劳动手段，又是基本生活技能，其中蕴含了体育活动的萌芽。

由于生产力的局限性，原始社会无法形成专门的体育，也没有专门的体育活动者。此时的体育往往与军事活动、祭祀、生产、游戏等融合在一起，其所特有的运动手段和形式尚未完全"独立"。原始社会的体育萌芽，从本质上而言，是由经济状况、生产状况和实践方式决定的，是在生存过程中简单模仿所形成的。但毋庸置疑，体育自此萌芽，在原始的星光下和初绽的黎明中扎根、发芽，不断成长。

2．古代体育的演进

奴隶社会的体育是在原始体育的基础上发展起来的体育的初级形态。随着生产力的进步，它已经和劳动初步分离，而与军事、教育、宗教、礼仪以及统治阶级的享乐生活紧密结合，并向着多样化、复杂化和独立化的方向发展。

这一时期，频繁的军事战争成为体育演进的重要动力。有文字记载的体育运动包括射、御、角力、兵器武艺、奔跑、跳跃、举鼎、拓关、游水、弄丸、投壶以及棋类活动等。

封建社会前期，从战国到南北朝，体育蓬勃发展，就种类而言，体育运动的项目不断增多，内容日益丰富，游戏、导引等普遍开展，其中以华佗所创的五禽戏最负盛名。就范围而言，从皇宫到民间，从军队到学校，从城市到乡村都有体育活动开展。就技术而言，角抵、蹴鞠等项目发展较快，逐渐向竞技方向靠拢，出现了不少技艺高超的体育人才。就理论而言，体育专著在这一时期也开始涌现。

至隋唐五代，体育空前繁荣。体育项目呈现多样化和规范化的特点，许多运动项目明确了规格型制，拥有了专职机构和专业人员，如蹴鞠、武术、角抵等。体育竞技状况空前兴盛，规模宏大，运动技艺水平有了很大提高。女子体育运动蔚然成风，有踏球、抛球等，其中以马球和蹴鞠最为盛行。国际体育交流增多：①唐代的技击术在朝鲜半岛的新罗广泛流行，养生术、蹴鞠也传入日本；②印度人、罗马人的杂技和幻术从汉代起就不断传入中国。

封建社会后期，宋元明清到鸦片战争之前，民间体育组织的出现极大地推动了民间体育的普及。大量的体育资料被汇集成书，尤其是武艺、球类、养生导引方面的著述较多。另外，程朱理学的主静思想在一定程度上阻碍了体育的进一步发展。

3．近代体育的曲折

鸦片战争后，政局动荡，战争频繁，经济薄弱。随着帝国主义的入侵，西方文化涌入，欧美体育也大规模地传入，中国传统体育逐渐没落。传入我国的西方近代体育项目主要有田径、体操、各种球类（如篮球、足球、排球、垒球、棒球、网球等）。体育在战火纷飞的社会夹缝中艰难生存，运动技术水平缺乏必要的提高基础和周期。

4. 现代体育的崛起

中华人民共和国成立以来，体育事业突飞猛进。群众性体育运动广泛开展，如火如荼。竞技体育硕果累累，1959 年，乒乓球运动员容国团获得了中国体育史上的第一个世界冠军。自 1995 年起实施全民健身计划，群众体育组织体系逐渐健全。2008 年，中国成功举办了第 29 届北京奥运会。学校体育教育稳步成长，从体育院系的建设到校园体育运动的推广，从健康第一的倡导到终身体育的理念，体育正在成为当代人的重要生活方式。

（二）人文视野——探寻体育的真谛

体育在不同历史阶段和文化背景下被人赋予了不同的含义，但人本思想贯穿了体育发展的始终。在体育运动中，人的身体既是手段，也是直接的目的，体现着工具性和目的性的完美统一。人居于运动中心的、首要的位置，人的发展和完善是直接的、最重要的目的，而由体育所带来的名声、荣誉、财富、地位以及产业的发展、经济的增长等，都是人在实现自我发展和追求自我完善的过程中所带来的"副产品"。体育真正的伟大之处在于对完美永无止境的追求，让人类在强健身心、探索真理、开拓世界的过程中获得了无限的发展空间。

在古希腊时代，人们通过体育追求躯体之美、力量之美和精神之美。以体育的形式表达对神的敬意，并在肉体上和精神上无限地去接近正确、光明和真理。在神话中，神灵的移动瞬时完成，不需要时间，而人则无法达到，那么使用时间最少的人就是最接近于神的人，成为神"在这苍穹大地之上"的"荣耀的见证"。就这样，人在体育锻炼中充分发展并不断挖掘着自身的潜能，诠释着体育的完美真谛。

从保守的维多利亚时代，体育便明确地承担起道德的重任。运动员有道德过失，会被认为是整个体育界乃至社会的灾难。英国公立学校中，通过体育教给男孩们所有统治国家时所需要的"男子汉"的品德：正直诚实，团队合作精神，忠于伟大的事业。

体育不仅是要强身健体，也要塑造美好的品性。这也正是体育运动经久不衰的魅力之所在。体育是一种虔诚的追求——拼搏不息，永不满足；体育是一种积极的态度——锐意进取，百折不挠；体育是一种文化的积淀——以人为本，重在参与。体育让人类实现自我超越，走向"臻于至善"的完美境界。

四、体育的本质与功能

（一）体育的本质

本质是事物本身所固有的，决定事物性质、面貌和发展的根本属性。在国外体育发展史上，从柏拉图、亚里士多德、卢梭到后来众多的学者都对体育有过较多的研究和描述。总的来看，国外相关人员多把体育看成教育的一个重要组成部分，重视从强身健体、增进健康的视角去认识体育的本质属性。

体育的本质在于通过运动达到增强体质、增进健康、改善生活方式、提高生活质量的目的，过去是，今天是，将来必定还是"以人体运动为基本手段，增进人们健康，提高生活质量"。

（二）体育的功能

在当今体育全球化和扩大化的发展背景下，体育的功能由单一的身体功能向政治、经济、文化等多元功能扩张，但无论怎样变化，体育的本质功能总是与健康联系在一起。

体育在生理、心理方面的功能得以细化和加强，而体育的社会功能正在悄然发生转变。

第一个转变：从生产到生活。这一转变涉及体育与经济的关系，是世界性的趋势。以前，体育最重要的作用就是促进生产发展。那时，生产力发展与否与劳动力的强弱有很大的关系，体育锻炼能够培育体力跟体能都很强大的人。强身健体是劳动生产力强大的最直接的方式。进入工业社会后，机械化逐渐渗入生产生活，生产活动便不再需要那么多的人力，体育活动的作用也随之变为优化生活质量，培养高素质的人。

第二个转变：从群体到个体。这一转变涉及政治与体育二者的关系与之前所呈现的是不一样的。特别是一些高难度的竞技活动，作为人的思想意识的竞争的载体，给人类的和平发展带来了损害，偏离了体育的终极目标。从群体到个体，并不是说应该放弃群体的需要和利益，而是指应该把这种需求和利益更好地体现于个体。

第三个转变：从劳作的工具变成了人们消遣娱乐的玩具，工具是为了提高工作效率而借助的物件，而玩具则是给人们制造轻松和快乐的物体。但这绝不意味着，工具转换成玩具是以其"工具"的作用消失为代价的，而是它作为一种具有政治成分的工具。它的功用是保障国家的利益以及广大人民群众的幸福安康，再也不是以前的专政和阶级斗争的武器。"玩具"功用被重视，其实也是表明了它在人们对体育休闲文化需求中的作用。

第二节　我国体育教学的定位及其历史演变

一、我国体育教学的定位分析

（一）体育教学论的学科性质

学科性质是学术的分类特质，指一定的科学领域或一门科学分支的特质[①]。对一门学科性质的认定，关系到其在科学领域的归属和分类等许多重要问题：体育教学论的学科性质问题，是这门学科得以确定的基本问题。体育教学论能够独立于其他学科而存在，就是由其特有的性质决定的。那么，体育教学论的学科性质是什么呢？

按照目前体育教学论已有的科研成果及社会科学对学科性质的整体归类，我们把学科的性质分为理论科学、应用科学和理论兼应用科学等三类。当然，我们对体育教学论的学科性质的界定还不能简单地套用上述三类。因为，对学科性质的界定还必须综合考虑这门学科的相关特点；甚至相关的概念，同时还受其他相关学科性质的影响。

体育教学论是学科教学论的组成部分，因此体育教学论的学科性质首

---

① 鞠峰. 体育社会科学新学科形成的基本要素[J]. 科技促进发展，2007（37）：19.

先受教学论学科性质的影响。而人们对教学论学科性质的研究存在一定分歧，处在不断演变之中：17世纪夸美纽斯在他的《大教学论》一书中指出："寻找一种教学方法，使得教师虽可以少教，但是学生可以多学。"他主要关注的是研究教育教学的技巧、操作方法和策略等。这种教学研究的观点，长期以来得到西方学者们的赞同。持有这种观点的人，侧重于把教学论定位到研究具体的教学操作方法和技术的学科。而苏联和东欧的教学论学者则持不同的观点。苏联学者达尼洛夫、叶希波夫在所著的《教学论》中指出："教学论是教与学的一部分。"它阐述教育和教学的理论，研究的问题是学校教育的任务和内容，学生掌握知识、技能和技巧的过程，教学原则、方法和组织形式。他们认为教学论研究的是教学的一般规律，因此他们倾向于把教学论定位于研究教学一般规律的理论学科。

我国一些学者也对体育教学论的学科性质做了思辨性研究。张学忠、毛振明指出："体育教学论是集理论性和应用性于一体的综合性学科。前者说明体育教学论是研究体育教学现象、特征、本质和规律等基本问题，不断提高体育教学基础理论的科学性和系统性，含有理论性学科的特征。后者说明体育教学论研究的基本理论要运用体育教学实践，从而指导和服务于教学实践，含有应用性学科的特征。因此，具有综合性学科的特征。"[1]还有学者认为，体育教学论属于应用理论研究，其研究的根本途径在于通过研究体育教学活动和现象，揭示体育教学客观规律；通过建立具体而系统的体育教学范畴和理论体系，说明和解决体育教学活动的关系和课题，并运用到体育教学实践。[2]

体育教学论作为教学论的分科教学论，它的学科性质要在综合教学论认识的基础之上，结合体育学科自身的特点，概括出体育教学论的学科性质。体育教学论不仅要有体育教学理论知识的教学，而且还要把这种理论应用到实践教学。因此，体育教学论既要根据体育教学实践发展的需要，总结出各种类型的具体教学模式、教学策略、教学设计方法、技术等，还要在这些实践中总结、概括出普遍的规律，以便更好地指导理论教学。因此，笔者最终把体育教学论的定位精要概括为：实践性很强的理论型应用

① 张学忠，毛振明. 体育教学论的概念、性质、对象和任务的研究[J]. 成都体育学院学报，2005，31（4）：108.
② 张志勇. 体育教学论[M]. 北京：科学出版社，2005.

学科。

（二）体育教学论的研究对象

任何一个学科的发展都应有个核心领域，也就是说，都有其特定的研究对象。特定的研究对象是一个学科产生和存在的客观依据。因此，明确体育教学论的研究对象，是实现体育教学论科学化的首要问题，对体育教学论的学科建设与发展具有十分重要的意义。那么，体育教学论的研究对象是什么呢？究竟如何确定体育教学论的研究对象呢？

针对上述问题，笔者认为，确立体育教学论的研究对象前必须把握以下几方面：①体育教学论所确定的研究对象是客观存在的，但这并不是说体育教学领域中所有客观存在的都是体育教学论研究对象。②要区分体育教学论概念的内涵与体育教学论的研究对象。体育教学论的定义是揭示体育教学论这个概念所反映的对象的本质属性，体育教学论的研究对象是指体育教学论要研究什么。③要区分体育教学论的研究对象与研究任务。体育教学论是研究体育教学一般规律的科学，并不等于体育教学论的研究对象就是教学规律。④体育教学论研究对象是由它所要解决的特殊矛盾的任务决定的。要界定体育教学论的研究对象；就要弄清体育教学论所要解决的特殊矛盾是什么。体育教学论之所以区别于其他学科，就是因为它是研究教与学的矛盾。因此，要抓住教与学这一本质的联系，也就抓住了教学研究的根本。⑤要区分体育教学论研究的客体与研究对象。体育教学论研究的客体是整体的体育教学活动，不能把研究的客体纯粹地等同于研究对象，因为体育教学活动这一客体是学校体育教学活动所指向的对象。

根据上述分析，我们再来看目前已有的科研成果中对体育教学论研究对象的界定。我国学者在这方面形成了不同的看法，归纳起来可以分为两类：①把体育教学论的研究对象界定为体育教学的一般规律。樊临虎在《体育教学论》一书里指出："体育教学论的研究对象是探索体育教学本质与规律，寻求最优化的教学途径与方法用于体育教学实践，提高体育教学质量。"②把体育教学论的研究对象界定为各种具体的教学变量和教学要素。张学忠、毛振明认为，"体育教学论研究的对象是体育教学问题"等。

从以上对体育教学论研究对象的相关研究成果来看，把体育教学规律变成体育教学论的研究对象、把体育教学论研究对象归结到体育教学活动中的问题、离开教与学的问题来谈体育教学论研究对象、笼统地把体育教学论的研究对象指向体育教学论的概念等说法都有失偏颇，因为体育教学论的研究对象是指要研究什么的问题。把体育教学论的研究对象说成是体育教学论的规律，就把体育教学论研究对象与任务混淆了。

根据以上论述，笔者认为，体育教学论的研究对象是从体育教学中所要解决的特殊矛盾、体育教学的任务及教与学的问题出发来研究体育教学活动中所面临和所要解决的问题。

（三）体育教学论研究的基本范畴

对于一个学科来说，基本范畴无疑是这个学科最基本的问题。诸如一个学科的基本属性、研究对象、研究方法等都可以算作这个学科的基本范畴。由于体育教学是一个复杂教育现象的统一体，因此我们想弄清楚体育教学论的研究范畴就要从多方面来考虑。首先，从前文的论述中可知，从体育教学论的学科性质来看，体育教学论是一门实践性很强的理论型应用学科。诚然，体育教学论不仅要研究体育教学的一般规律，还要研究这些规律在教学实践中的应用。这都是体育教学论的研究范畴。当然还包括体育教学论这门学科的基本属性、研究对象、研究方法等。再者，从体育教学系统来考虑，构成教学系统的要素包括教师、学生、教材、教学手段、教学目的等，并且每个要素都在教学系统中发挥着独特的作用。其中，每个要素都是体育教学论研究范畴的构成体。

笔者认为，要弄清楚体育教学论的研究范畴，不能从这些表面来看，要通过这些表面现象看到实质。体育教学论的真正研究范畴，应该能适用于任何体育教学活动，能保持相对的稳定性，能重复操作而保持相似结果的存在。同时，其具有矛盾的辩证统一性，以保证在范畴本身矛盾运动中揭示各种关系，形成理论体系；具有结构性，在范畴因素之间构成一个有机体，并能进一步具体演绎，形成完整的体育教学论体系。要达到这样的要求，我们要先弄清楚体育教学要面对的矛盾统一体。体育理论与技术最终要被学生所认识。因此，学生是认识与发展的主体，被认识的体育理论与技术是客体，而教师、教学环境等只是促进认识的媒介。主体与客体、主体与媒介、客体与媒介之间都存在矛盾。其中，主体与客体之间的矛盾转化上升的过程就是体育教学发展的动力，是体育教学理论发展的推进器。这就组成了体育教学论研究的 3 个基本范畴：学生、体育理论与技术和媒介。在基本范畴的进一步演绎下，得出体育教学论研究的内容体系。①学生范畴表现出来的研究内容有体育教学过程中的主体性，体育教学过程中的主体、客体及其相互间的关系问题，如何培养学生的主体性发展问题等。②体育理论与技术范畴表现出来的研究内容有体育教学过程、体育教学内容、体育教学系统、体育教学规律与原则、体育教学方法、体育教学模式、体育教学组织形式等。③媒介范畴所表现出的研究内容有体育教学过程的主体性、体育教学目标、体育教学环境、体育教学艺术、体育教学管理与评价等。这些研究内容构成了体育教学论的学科体系。

二、我国体育教学的发展过程

（一）我国体育教学思想的溯源

体育作为获取生存所必需的物质财富活动之外的一个社会活动特殊范畴，产生于原始社会的晚期，其训练的内容是多方面的，其中包括许多身体运动能力方面的训练。例如，从事畜牧业的人们骑马和骑马围猎是他们主要的谋生本领，因此青年们必须接受这方面的训练。在农业村庄，人们感兴趣的是摔跤、举重、舞蹈和养生术等，青少年则以学习这些内容为主。当然，不同的地域、不同的历史时代，体育教学的内容、形式均有差异。①

在我国体育教学思想形成、发展的过程中，孔子思想是中国教育思想之源，他的教育思想对体育教学产生了深刻的影响。例如，孔子所推崇的"六艺"非常重视人的身体的全面发展。他认为体育活动的情调应该是轻松愉快的，"君子之音，温柔居中，以养生育之气，百忧愁之感，不加于心也；暴厉之动，不在于体也"（《孔子家语·辨乐解》）。孔子的教育思想对我国当时的体育教学做出了应有的贡献。

除了孔子的教育思想之外，其他思想流派也对我国体育教学理论的发

---

① 樊临虎. 体育教学论[M]. 北京：人民出版社，2002.

展做出了一定贡献。如以老子为代表的道家思想,《道德经》中的"无为而无不为""刚则折,柔恒存兮""柔弱胜刚强""长生久视"之理,成为中国传统武术的方法论[①],并被广泛应用于古代武术教学传承。在中国历史的发展中还产生了以淮南王刘安为代表的黄老学派的自然主义教学思想,以董仲舒为代表的经学教学论思想,以王充为代表的儒学异端教学论思想,以嵇康为代表的玄学教学论思想,以道安、慧远、葛洪为代表的宗教教学论思想,以颜之推为代表的儒道佛初步融合的教学论思想,以王通、韩愈、柳宗元为代表的重振儒道教学论思想。[②]这些教学思想中都有中国传统体育思想的萌芽。

(二)我国近代学制建立以后体育教学理论的沿革

1. 清朝末年我国的体育教学理论

(1)初步引进。第一次鸦片战争之后,西方列强接踵而至,给中国人带来了血的教训。不甘屈辱的中国人开始寻求强国之路,社会开始出现一系列变革。在教育领域,清政府确立了"中学为体,西学为用"的指导方针,1862年开始兴建洋务学堂。在体育方面,1903年清政府颁布了《奏定学堂章程》,规定了癸卯学制,并确立了体育课程的必修地位,体育课程在各级各类学堂里得到了快速的发展。新式学堂的发展,导致各科教师极缺,技术性很强的体操教学教师更是缺少。1906年,清朝学部通令全国扩大师范学堂名额,并命令各省在师范学堂设立五个月毕业的体操专修科,并开办培养师资的体操专修科或体育学堂。于是,我国开始专门培养体育师资。[③]

从1862年开始兴建洋务学堂到1906年开办的体操专修科或体育学堂,体操教学得到发展,但关于体操教学理论的课程与教材在学校教育中还未出现,其他学科的教学论亦然。其间已出现了有关教学论方面的引进介绍,其中影响最大的教育专业刊物是《教育世界》。它于1901年6月创刊于上海,创刊伊始就系统地介绍日本学者汤本武比古所著的《教授法》,主要反

① 毕业,童莹娟,李秀梅. 道家思想对中国体育文化的影响管窥[J]. 体育文化导刊,2005(4):75.
② 张传隧. 论21世纪中国教学论发展趋向[J]. 广西师范大学学报,2002,38(7):32.
③ 苏竞存. 中国近代学校体育史[M]. 北京:人民教育出版社,1994.

映的是赫尔巴特的教学理论。除此之外,《教育世界》还介绍了西方教育家夸美纽斯、裴斯泰洛齐、第斯多惠、赫尔巴特等的教学思想。虽然有了教学理论的介绍,但教育界对教学理论的研究仅处在接触和理解阶段,在实践教学中,教学方法还比较混乱。教学方法各异,无一定程式。不过,在各种差异之中,有两种共通之处:①在竭力接受班级教授之分班组织、团体讲演等新方法外,仍保持中国传统讲学方法,不拘年限,各科须做笔记等;②此时期的教育方法,实是中西杂糅。

(2)初建体系。本阶段为从 1903 年颁布《奏定学堂章程》到民国初期。由于在之前的洋务学堂得到一定的发展,并且西方的教育理论通过派遣留学生、翻译西方的教育著作、创建教育学刊等方式在中国奠定了一定的基础,由此,我国的教授法著作开始出现,学校教育中也出现了教学理论课程。1903 年的《奏定初级师范学堂章程》规定了"教育学"学科,分五年教学,第三学年是"教授法"。此外,我国学者还翻译了不少日本的教授法著作,如沈统翻译东基吉的《小学教授法》,董瑞椿翻译通口勒次郎的《统合新教授法》,山西大学堂译书院 1905 年译印神保小虎的《应用教授学》,章梫翻译田口义治的《小学教授纲要》(1903 年上海会文堂印),等等。

通过对日本教学理论的学习,中国学者应当时教学计划的要求开始编写教授法著作。其中有朱孔文编的《教授法通论》(时中学社 1903 年版)、《初级师范学校教科书各科教授法》(商务印书馆编译所 1906 年编纂)、《小学教授法要义》(木村中治郎、于沈编纂,蒋维乔校定)等。由于受日本的影响比较深,而日本的教学理论又倾向于赫尔巴特的五段教学法,我国的教学论教材所体现的多是赫尔巴特的教学方法。

由于现代意义的教学理论正处于刚刚接受和引进阶段,中国的分科教学论还未出现,这个时期的教学理论是各个学科通用的一般教授法。我们可从教育家的言论中分析。陈宝泉在为康绍言、薛鸿志编辑的《设计教学法辑要》作序时说道:"前清末造,初兴学校的时候,真不知教授法为何事。曾忆初到日本,一听老师讲五段教学法,以为用科学的方法发展儿童的本能,实为新教育之最大特色。因此,当时管私所编辑的小学教授用书,以及各小学实用的教授方法,殆无一不是适用五段教授法原理的。"而据林砺儒等说:"中国自有学校教育,其教授法即通用演讲式之注入主义,非惟中学然也。大抵文学、历史、地理等科,专赖教师之取材兴说明;即理科之实验,亦由教师行之,作为说明一种,学生旁观而已。学生之作业,除作文、演算外,惟图画、手工、体操,则非诉诸学生之动作不可,然亦不过模拟的作业而已,其教授之良否,则纯视教师准备教材之是否丰富,说明之是否透辟为断。总之,学生所得,殆出自教授之授予。"由此,可以看出,我国的体育教学论还依附于教学论之中,没有分化出来。

2. 民国时期我国的体育教学理论

(1)继承清末体育教学理论。1911 年 10 月,资产阶级领导的辛亥革命爆发了,不仅推翻了清王朝的统治,而且也结束了我国两千多年的封建专制制度。1912 年 1 月,资产阶级革命党人在南京成立了以孙中山为大总统的中华民国临时政府,临时政府一成立就设立了教育部,由蔡元培担任教育总长。成立伊始就颁布了《普通教育暂行办法》《普通教育暂行课程标准》等法令,之后在 1912 年 9 月颁布了《小学令》和《中学令》,建立了民国学制系统的结构框架,史称"壬子学制"。由此,一套相对完整的教育制度建立起来。新学制在体操课方面根据不同学段的学生制定了不同的教育宗旨,并且设置了相应的课程内容。此外,国民政府继续沿用"军国民教育"思想,并对士兵体操的重视达到了高峰。

在这一时期,我国体操课的教学从教学思想到教学方法都没有太大的进步,基本上是清朝末年教学理论的延续。如在体育课的教学方法上,1913 年 4 月 17 日教育部曾颁布《中等师范学校教员教学方法》:"凡中等师范学校,以后至第三学年始,任择何种科目,每周以二时或三时就教员所讲,令学生笔记。逐渐加强加速,仍由教员随时视察指正讹误。"由此可见,这时的体操教学仍以引进日本的赫尔巴特教学方法为主。

同时,我国学者也编著了一些教学理论的著作。在 1912 年教育部颁布《师范学校规程》和 1913 年的《高等师范学校规程》都规定教育学科中包含教授法。在这一时期,我国学者编写的教授法教材有:1909 年白作霖编著、蒋维乔校订、商务印书馆出版的《各科教授法精义》;1913 年商务印书馆出版的《教授法原理》;1916 年蒋维乔编写、商务印书馆出版的《教授法讲义》;1917 年钱体纯编写、商务印书馆出版的《教授法》;1915 年钱体纯、杨保恒编写，仇采、蒋维乔校订，商务印书馆出版的《师范学校新教科书教授法》。

在这一阶段，关于体育教授法的教材开始出现，只是还包含在普通教授法之中。如蒋维乔编写的《教授法讲义》就分为总论与分论两个部分。总论讲述的是教授之意义、教授之目的、教授之材料、教授之方法等；分论为修身、国文、算术、历史、地理、理科、手工、图画、唱歌、体操、农业、商业、英语等各科教学。同时，蒋维乔编写的《师范类学校教科书各科教授法》、李步青编著的《新制各科教授法》已出现在师范类学校的教授法教材中。这些教材都是在论述普通教学理论的基础上，就各个学科进行论述，体育教授法包含其中。可见，体育教授法教材已经出现，但是还没有完全独立出来。

（2）全面引进吸收期。1919年五四运动之后，中国教育教学研究进入了西方教学方法的系统引进期。五四运动所倡导的"提倡民主，反对专制；提倡科学，反对迷信；提倡新文学，反对旧文学，开展文学革命"推动了中国教育的全方位改革，欧美教育家的教学思想得到快速传播，西方盛行的各种教学方法在中国得到快速发展。随着美国实用主义教育家杜威，美国学者孟录、推士、迈克尔等人先后来中国讲学，实用主义教育思想在中国得以广泛传播。

1919年2月，陶行知发表的《教学合一》一文系统阐述了"教授法"到"教学法"的理论思想，引起了当时中国教育界对教学理论的深刻探讨。之后，部分学校逐步把教授法改为教学法。与此同时，教学理论课程建设也得到了发展。1925年全国教育联合会《新学制师范科课程纲要》规定，必修科目中有普通教学法、各科教学法、小学各科教材研究等。之后，教育部也颁布了不同的规程，来确立普通教学法和各科教学法的地位。

随着西方教学理论在中国的传播，中国学者的教学理论观点也随之发生改变。在教学方法上，由原来的赫尔巴特以教师为主导的教学理论，转变为注重学生的主体地位，教学方法由原来单一的灌输式转向启发式教学为主、其他教学方法兼顾。随着教育科学研究的发展，这一时期还出现了"教材及教学法"教材，这类教材一般分为通论和各论。通论对教材和教学方法进行总述，各论包含体育课。1933年吴研因、吴增芥编，商务印书馆出版的《师范学校高中师范科教科书小学教材研究》;1932 年朱诩新编著、世界书局出版的《高中师范教本小学教材研究》;1935 年吴研因、吴增芥编,中华书局出版的《小学教材及教学法》;1935 年赵演编著、世界书局出版的《小学教材及教学法》等。

随着体育教学科研的发展,中国的体育教学法逐渐从各科教学法中独立出来,成为教学论学科的一个分支。1933 年 7 月,吴蕴端著的《体育教学法》一书出版。该书分通论、各论两编,是迄今为止所知中国最早的体育教学法专著,为之后的体育教学法从各科教学法中独立出去奠定了基础。

抗日战争爆发以后,中国社会陷入动荡,教育事业艰难开展,体育教学理论的研究进入停滞期。这一时期的体育教学理论教材基本是以前教材的延续。

3. 中华人民共和国成立以后我国体育教学理论的发展

中华人民共和国成立之后,我国体育教学理论经历了曲折发展的历程。这个发展过程大致可划分成三个阶段。

(1)全面学习苏联体育教学理论阶段。中华人民共和国成立以后,我国政府非常重视体育事业和人民的身体素质。毛泽东同志提出"健康第一"和"发展体育运动,增强人民体质"的方针。由于受苏联的影响,这一时期的体育教学理论、体育教学理论的教材与著作反映的都是凯洛夫的苏式教学理论。相比中华人民共和国成立前,此时的体育教学理论更加科学、系统。但是,这种苏式体育教学论也存在很多缺点。它过于强调教师在教学过程中的主导作用,而忽略了学生的主体地位;过于注重体育课堂教学中基础知识和基本技能的传授,教学模式过于呆板,限制了教师的创造性。

(2)独立探索和遭受挫折阶段。1960 年之后,当时的国家体委对体育课提出了要求:"要切实上好体育课,应按照教学计划的规定,尽快恢复每周两节体育课,加强体育基本知识技能教学,认真提高教学质量。"我国体育教学研究尝试着结合各地的教学实际进入了一段独立探索时期。

在这样的背景下,我国体育教学研究者试图用苏联的教育理论来构建立足于中国实际的体育教学理论。1961 年和 1963 年,相关学者先后编写了体育学院本科和中等体育学校通用体育理论教材，体育教学理论是其中的主要部分。在这一时期，虽然体育教学理论研究的内容得到丰富，但在体系上仍未取得实质性的突破。

（3）改革开放，重新探索阶段。1976 年以后，我国进入新的历史时期。1978 年，党的十一届三中全会，转移工作重心，开始走上建设具有中国特色的社会主义的改革开放道路。在改革开放的浪潮中，我国体育教学理论研究出现了"百花齐放，百家争鸣"的大好局面。我国体育教学理论研究由封闭转向开放，体育教学研究界对国外教学研究信息，从内容到方法从理论到技术进行了广泛的介绍，并且在回顾体育教学理论发展的历史基础上，对体育教学论的一系列重大问题展开了深入的研究和探讨。例如，关于体育教学过程的本质、掌握运动技能与提高身体素质的关系、教学过程中的师生关系与地位。在原有的苏式体育教学理论的基础上，重新探讨和界定了体育教学论的一些基本范畴，对教学规律、教学原则、教学方法、教学内容、教学评价等展开了认真讨论。其中，许多理论探讨取得的成果很快转化为教学实践，并孕育出许多新的与体育教学相关的分支学科。体育教学论也正从体育理论中分化独立出来。

4．体育教学论建构独立体系

体育教学论飞速发展期为 1989 年至 21 世纪初。这一时期，借助国内教育教学理论研究成果，部分学者开始探讨我国体育教学理论自身体系，许多学者、专家对一些体育教学的基本理论问题进行了较为深入的思辨研究。

在体育教学指导思想上，综合分析各种体育教学指导思想，确定体育教学要为"终身体育"服务。在体育教学内容研究中，发展体育教学过程理论，全面分析体育教学过程中相互联系的各个因素，强调体育教学中的"双主体"作用，丰富了教学原则和方法。在体育教学评价方面，重视教学评价理论，强调过程性评价对学生获得体育成就的作用，注重学生在体育教学过程中的心理水平监测，但在实际操作方面还存在一定困难。随着体育教学理论研究和体育教学改革的不断深入，及 1988 年第一本《体育教学论》专著的出版，不同版本的《体育教学论》应运而生，关于体育教学理论的论文越来越多，研究取得了新的突破，体育教学论得到了飞速发展。

第三节 学校体育教学目标与设计

体育授课的目的是在符合特定的时间、空间的基础上，老师和学生能够达成预先设定好的教学成果和条件。而授课所要达到的目的就成了相关课程更新的标准。

一、体育教学目标的制订

（一）制订明确的教学目标对教学具有重要的意义

（1）要求教师认真思考要帮助学生实现的变化。

（2）帮助教师识别不重要的目标并辨认遗漏的目标。

（3）明确表达的目标能帮助教师确定学生的适当位置。

（4）有助于挑选达到这些目标所需的方法、材料与实验。

（5）清晰表述的教学目标提出了评价学生成绩的最直接的方法。

（6）有助于确保教师之间、师生之间、教师和家长之间的交流。

以上是布卢姆等对教育学目标制订意义的研究结论，对于帮助教师正确认识和估量教学目标制订在教学活动中的地位是非常有益的。

教学目标的制订是由教师根据有关教学文件及教学具体实际进行的，是一项技术性很强的工作。

克拉克、斯塔尔于 1976 年指出，制订教学目标时应注意以下事项。

（1）写明每一项一般的行为目标，用一般的术语描述所要求的行为，诸如理解、明白、知道等。

（2）一定要把每项行为目标，无论是一般的还是具体的，描述成学生的行为，而不是教师的行为。

（3）一定要把每项行为目标，无论是一般的还是具体的，描述成学生的最终行为，而不要写成教材、学习过程或教学程序。

（4）一定要把每项行为目标的水平规定得恰如其分。

（5）一定要以描述最终行为的具体行为目标的实例来规定每一项一般的行为目标，而最终行为将说明什么时候目标已经达到。

（6）一定要有一个关于具体行为目标的充分的抽样来说明每项比较一般的目标是否已经达到。

（7）一定要使行为目标包括复杂的、高级的认识和情感目标，因为这些目标写起来困难，所以往往被省略掉。

（8）一定要使每一项行为目标只包含一项学习成果，而不是几项学习成果的组合。

1981 年戴玻（Dembo）指出，教学目标的制订应包含下列几要素：行为动词、情境或条件、表现水平或标准，并应考虑下述几条原则。

（1）适应性。使用所教学之范围。

（2）代表性。以逻辑顺序代表所教学之范围。

（3）可行性。学生能力可及。

（4）一致性。与学校教育目标相符。

（5）符合学习原理原则。

以上研究观点为教师掌握教学目标制订技巧提供了有益的启示。

（二）制订体育与健康课程教学目标依据

制订体育与健康课程教学目标，应从教育的总目标、课程性质、理念、课程项目自身的特点、学生实际、场地气候等方面加以考虑。

1. 依据"健康第一"的指导思想

《中共中央国务院关于深化教育改革全面推进素质教育的决定》明确指出："健康的体魄是青少年为祖国和人民服务的基本前提，是中华民族旺盛生命力的体现。学校教育要树立健康第一的指导思想，切实加强学校体育工作……"这是课程的教学改革的重要指导思想，培养学生的健康体魄是体育与健康课程的主要目标，因此，体育教学目标的设计要充分考虑健康的目标，把关注学生的身体健康、心理健康和社会适应的三维健康观化为体育课堂教学目标，在体育课堂上实现，从而促进学生整体健康水平的提高。

2．依据体育与健康课程目标

它包含以下 5 个层次。

（1）强身健体，把握及使用其最基础的学识和技巧。

（2）培育学生养成爱运动并持之以恒练习的习性。

（3）有着极佳的心理素质条件，可以很好地处理人际关系和进行团体配合。

（4）倡导健康的生活方式，增强个体和团体的健康担当意识。

（5）倡导体育的优良意识，养成勤奋向上、乐天达观的性格作风。

这 5 个层次塑造了水准方面、练习方面、体育授课和体育课上授课的目的系统。而体育的授课目的就是要综合练习方面、水准方面去系统计划的。因此，一定要根据体育和健康的授课内容的目的，计划其目的和课上授课的目的，以达到合理化、整体化的目的。

3．依据青少年学生身心发展的特征和不同需要

体育授课主要传授的对象就是学生，主要根据其发展特征和规则，然后再综合学校的实际情形，学生的练习环境及生活的状态去规划其授课的目的，以此制订的授课的目的会更具有可实施性和合理性。每个学生的自身特点都是不一样的，而随着时间的改变更是有不一样的变化，所以要分析每个学生在不同时期的个性化需求。要依据学生在不同时期的状态和需求去制订相应阶段的授课目的。

4．依据体育教学资源

体育教学资源包括很多，但主要还是教师、学生及场地、器材。教师和学生是体育教学过程中人的要素，而场地、器材则是物质要素，缺一不可。人的要素在一段时间内是相对稳定的，但物质要素是随时可以改变的。俗话说"巧妇难为无米之炊"，如果没有足够的体育设施做保障，任何目标都很难达成。因此，一定要综合师生和学校的实际情况，查看是否具备完好的活动场地和活动工具。这是在进行授课目的策划的时候一定要考虑的，以保证更完美地达到授课目的。

二、体育教学目标的分类

教学目标应包括多个水平、多个层次。西方心理学家对教学目标分类的研究值得我们借鉴。

美国体育学者安纳利诺根据布卢姆的教学目标分类学将体育教学目标分为 4 类：身体领域（机体发育）、运动领域（精神肌肉发育）、认知领域（智能发展）和情感领域（社会、个人情感的发展）。

近年来，有人根据布卢姆的教学目标分类，把体育教学目标做了以下分类。

（1）知识领域的目标：①知识，是最低水平的认知学习结果；②领会；③运用；④分析；⑤综合；⑥评价，是最高水平的认知结果。

（2）动作技能领域的目标：①整个身体的运动；②协调细致的动作；③非语言交流的动作；④语言行为。

（3）情感领域的目标：①接受；②反应；③价值化；④组织；⑤价值与价值体系的性格化。

体育与健康课程是对原有课程进行深化改革，突出健康目标，强调通过身体运动的课堂教学，在掌握运动技术、技能、知识的同时，来达到对人的教育培养，促进健康目标的实现，从而增强学生的身心健康，促进其全面健康发展，实现课程的教学目标。

《体育与健康课程标准》（以下简称《标准》）依据"健康为首位"的指挥准则，响应社会的需要、综合素质教育及学生和学校具体的情形，再综合课程的特征构成了 5 个方面、3 个层级的授课目的系统。3 个层级的关系是：课程目的—领域目的—水平目的。

《标准》是依据目的的完成去领导授课的内容及教授方式的抉择。各个地区、各个校区及老师们可以根据具体的情况来选出更多样化的内容、方式及方法来完成每次授课的目的。

其系统包含：运动的技巧、身和心的健康、运动的参与度及对社会的适应度。它全面地阐释了体育和健康授课是按照锻炼身体为关键并结合心态、身心和社会的三维的健康观念。在实施《标准》的过程中，应该把 5 个学习区域当作重点。

（1）强身健体，把握和实施基础的体育和健康知识及运动的技巧。发展学生与健康有关的体能，帮助学生挖掘运动潜能，提高运动中的安全防范能力，提高运动欣赏能力，获得能够在野外生存下去的基础本领，收获当代社会体育和健康学识的方式，把握体育和健康的基础知识及运动的技巧。

（2）帮助学生养成爱运动并持之以恒去练习的习惯。学生可以依据自身的喜好及个人的需要，在结合学校具体条件的情况下，选一个自己喜欢的方式和体育项目。经过锻炼，获得体育学习中的基本法则，慢慢地养成一种喜欢运动的习惯。

（3）具备极佳的心理素质，表现出人际交往的能力与合作精神。可以让学生能够感受到一个友好团结的组织中带来的温情及精神方面的快乐；即使遇到了艰难困苦也可以越挫越勇，增强自我的抗打击能力及自我情绪的掌控能力，养成不屈不挠的坚持精神；从不停获得提升进取的过程中加强自尊心及信心，在集体运动的参与过程中表现出良好心理素质、人际交往的能力与合作精神。

（4）倡导健康的生活方式，增强个体和团体的健康意识。让学生了解到个人的健康和团体健康之间的紧密联系，树立一种对社会、团体及个人的责任；学到敬重及爱护别人，养成当代社会一定要具备的合作及竞争的观念，养成一种健康、合理的生活习惯。

（5）倡导体育的优良意识，养成勤奋向上、乐天达观的性格。在运动参与、技能学习过程中，培养良好的体育道德和集体主义、社会主义、爱国主义精神，形成积极进取、乐观开朗的生活态度。

体育与健康课程标准的目标分类，创造性的构建起全新的课程目标体系，以健康为最终目的，体现了教学目标的多元化，强化了体育教学的多功能作用，使教学目标具有整体性、系统性、层次性，为课程目标的实现提供切实可靠的实施依据，在教学实践中要正确认识并准确把握体育与健康课程的目标体系。

三、体育教学目标设计

（一）体育教学目标设计的原则

体育教学目标的设计直接关系着体育教学的成果。如果要设定一个合理、可实施性强的体育授课的目的，一定要按照相应的规则进行。

1. 科学性原则

这是指要具体问题具体分析，根据每个学生不同时期的发展需要，高效地增进学生的成长，其中包括以下 5 个层次。

（1）彰显体育课程的自身特征。

（2）目的完整、充分，如肢体动作、个人感情、个人认知及健康状况等多方面的目的。

（3）难易分明，重点突出，分清主次。

（4）具有可实施性及计划的详细性。

（5）把握目标的难易程度，不可以过于高难度，一定要适当，保证大部分的学生经过努力可以实现。

2. 灵活性原则

进行目的管理是为了满足大部分的学生，是面向广大学习者的，可是学生的基础参差不齐，所以在设置目标的时候一定要灵活，具体问题具体分析。根据学生的具体情况、课程内容的难易程度进行不一样的级别设置，保证每个学生在自己的基础上都能够努力达到目标。

3. 整体性原则

其目的有两点：单元及课时。制定授课目的的时候，先要掌握学校的教学目的和体育授课的目的，要从大局整体着手，全面地呈现这两个目的的总体需求，同时要注意一般与具体之间的联系。

4. 可测评性原则

一般都通过合理、正规的语言逻辑进行表达，此类表达大多数是非形象化的，相对来说较难定下评价的条件。在实际的授课目的之中是不可以用含糊应付的表达进行表述的，一定得有特定的量化数据，而且能够使用一定的方式方法进行合理的检查和评判。

5. 长期目标与短期目标相结合原则

"长期目标应同短期目标相结合。所设定的目标不应该直接指向终极目标，相反，长期目标应该分解成短期的子目标。当子目标实现后，就自然加大了实现长期目标的可能性"。相关研究表明，长期目标与短期目标相结合具有合理性。短期目标能够给学生以期望，调动其学习的积极性；长期目标给学生以遥远感，长期使用长期目标会破坏学生的学习兴趣。

以上所说的体育教学目标设计的原则，是一定得提前把握和学习的，因为其具有很强的指引性，可以提升体育授课的成效。

（二）体育教学目标设计要领

它是进行计划的重点内容，甚至确定了体育授课进程的方向。它设定得是否切合实际、具有可应用型，关系着体育课程质量的高低和最终的成效。

教学目标设计应注意遵循以下基本要点。

1. 整体系统

教学目标是包括各种层次的具体目标在内的整体系统，制订教学目标应该注意系统把握、整体协调。制订各具体教学目标时，应首先对该目标明确定位，使制订的具体教学目标不孤立片面，而成为教学目标整体系统中的一个有机组成部分。各项教学目标应当具有互相联系、互相支持的关系。

2. 目标细化

它是指需要进行目标的分化，将总目标分解成各个小目标，这样方便目的的实施。此行为对授课成效和授课质量的提升至关重要，它要求每一位老师都必须拥有分解授课目标的技能。

3. 表述正确

为使制订的教学目标能够直接指导教学，不致产生歧解，且便于检测评估，就必须将教学目标做确切表述，以明晰地表述预期结果的外显变化。例如，"学生能正确掌握动作"这一目标可进一步阐述如下："学生通过练习，体验动作方法，逐步掌握正确动作。"

4. 难度适宜

教学目标制订要难度适宜，发挥激励功能。所谓难度适宜，是指学生经过努力可以达到的程度。学生之间有一定的差异，面对同样的目标，其达到的程度不同。因此教师在确定教学目标时，应了解学生的学习实际，实事求是地制订教学目标。适度的教学目标可以激发学生强烈的学习动机，调动学生的学习积极性，一旦达成目标，可使学生体验成功的愉悦感，发展其各种能力。

《体育与健康课程标准》实验以来，选用教材内容以后，根据课程标准要求，制订教学目标，运用合理的教学组织形式，通过课堂教学来体现课程基本理念、实现课程价值、课程目标。使学生达到相关领域水平目标，是体育教师所要解决的实际问题。下面以排球教材为例，根据相关要求和学生实际及场地、器材等情况，制订以下教学目标。

（1）分析教材，制定 5 个领域的目标。

1）运动参与领域目标。使学生能够主动参与教学内容的学习，运用排球运动的相关知识积极参与课内和课外锻炼，合理安排锻炼时间，知道其意义和作用。

2）运动技能领域目标。了解排球运动的基本技术、战术知识和竞赛规则，用合理、安全的方法进行运动，在练习或比赛中避免粗野和鲁莽动作，观看并讨论不同形式的比赛，利用各种不同条件的场地，安全地进行排球运动（如在野外平坦的土地、草地、沙滩）。

3）身体健康领域目标。通过多种形式、内容的练习，学生能发展体能，认识和理解排球运动锻炼对身体形态、机能发展的影响，了解锻炼后的饮食卫生、能量补充对身体的影响和作用。

4）心理健康领域目标。通过排球运动，学生能了解心理状态对健康的影响，逐步增强自尊和自信，学会调控情绪的方法（如肌肉放松、自我暗示、呼吸调节、作息安排），培养克服困难的坚强意志品质（如知道适合的目标、自我评定、了解可能遇到的困难并加以克服）。

5）社会适应领域目标。通过练习和比赛，使学生能够建立和谐的同学关系，具有良好的合作精神和体育道德。简单了解我国排球运动方面取得的荣誉和一些有教育意义的名人的事迹，进行民族荣誉、国家荣誉、自我健康发展的教育。

（2）选用技术动作内容，确定大体的教学目标。教学内容及目标示例

（见表 1-1）。

表1-1　教学内容及目标

课时	教学内容	教学目标
1、2 节	1. 移动和垫球 2. 小场地的垫球或比赛	1. 激发学生学习的兴趣，引导学生积极参与 2. 了解、初步掌握技术，逐渐形成同学、师生间良好的合作精神 3. 了解简单的规则
3、4 节	1. 移动和垫球 2. 下手发球 3. 小场地垫球（可结合发球）的游戏或比赛	1. 培养学生学习的兴趣，引导学生积极主动参与，树立自信心 2. 学习掌握动作技术方法 3. 遵守规则、尊重对方，初步建立和谐的人际关系
5、6 节	1. 正面上手发球 2. 传、垫球，或结合发球的比赛	1. 学习掌握动作技术方法 2. 发展速度、灵敏、协调等身体素质和应变能力 3. 学会用安全的方法运动，遵守规则、尊重对方，主动练习，学生间的合作越来越默契
7、8 节	标准或小场地比赛（运用各种合理的技术）	1. 充分发挥学生的自主性、创造性，发展运动能力 2. 培养学生组织和参加比赛的能力，熟悉简单的规则，遵守规则，公平竞赛 3. 在比赛中避免粗野动作，杜绝不文明行为，形成良好的体育道德，培养良好的心理素质 4. 结合我国排球运动成绩，增强荣誉感和上进心

（3）以第八次课为例，制订本课的教学目标。

本节课采用排球运动中传球、垫球、发球等基本技术的综合练习，及以上技术在教学比赛中的应用，教学活动体现对学生身体、心理和社会适应方面的目标要求。

1）使学生掌握基本的排球技能，进一步了解和掌握比赛的基本知识。

2）充分体现学生的主体地位和教师的指导作用，培养学生的运动兴趣、积极主动的实践与能力。

3）培养团结协作、勇于进取的顽强作风，和胜不骄、败不馁的意志品质，正确对待胜负的良好心理品质。

教学目标制订后，在教学过程中，可以根据实际的情况及时灵活地进行调整，为学生的学习、活动、锻炼、合作等方面提供更大、更宽松的空间，以利于学生在体育与健康课程的教学中更多地受益。

第四节　体育教学理念的流变与争鸣

一、知识取向的教学流变与争鸣

在漫长的历史岁月中，学校教育主要是采用师徒教学制。随着近代工业的发展，这一教学制难以适应大机器生产所带来的标准化、质量、效率的要求。培养大批的、符合工业革命需要的能看图纸和懂操作的统一性人才成为当时教育的主要使命。于是 17 世纪捷克教育家夸美纽斯倡导的班级授课制应运而生，为教育的普及奠定了基础，符合工业革命需要培养大批统一型样板人才的教育使命。这种观念体现在教育领域，人们通常把拥有知识的多少作为人才的标志。其缺陷是一方面使学校与教师片面强调知识的传授，偏重学生"智"的培养与提高；另一方面也使学生自身以一种纯功利的态度对待学习，不去追求自身素质的全面提高与优化，把"获取知识"作为自己唯一的学习目标。

从某种意义上来说，任何教育都负载着一定的价值。这要求学校教学进行相应的格式化调整，使理论和教学向其靠拢。于是以行为主义生物观为描述的机械式的传习技术和整齐划一的操练就成为体育教学的时代范式，统一负荷、统一进度、统一标准成为体育教学的规格特征。

（一）行为主义教学观在体育教学领域的论纲与争鸣

"探索并发现一种规律，依此规律，寻找一种方法，使教师因此可以少教，但学生可以多学。"在 19 世纪与 20 世纪交替之时，强调学习与行为关联的"行为主义教学理论"产生了。由于这一教学理论的出现与当时被称为时代精神的达尔文进化论密切相关，受其影响该理论以生物成长作为人的发展模式，立足于外部的指导，转化、发展为学习性活动，为教学目标的规范性、明晰性，教学过程的可控性、可预见性，教学结果的可及时检测性，做出了贡献。为人们迈向科学地、客观地揭示教与学的过程本质，科学地进行教学规划及构建教学设计理论与学科，提供了基础性的先导。

这一教学视域虽然一切明明白白、整整齐齐，"有章可循，有规可依"，但由于该理论羁绊于自然属性，只表明了教学与生物学条件之间的关系。平心而论，它对体育教学是有效的，犹如当前的应试教育，却是没有"意义"的，因为教学生活的丰富性和完整性在这一教学论视域中消失了。它能积累人的知识，却抑制了学生内在的发展目标——能力。其发展原理过分依赖外部"强化"的条件，把行为"刺激"作为发展的中心驱力。恰如伽达默尔在《真理与方法》一书中强调的："要方法，还是要真理？"也如瑞士动物学家波特曼所说，把动物的学习与人类幼儿的学习等量齐观。虽然不是尽善尽美，却起到了"拓荒者"的作用。后来出现的一些新的教学理论与方法，都是在这个基础上或在批评这种理论的过程中形成、发展起来的。

行为教学论实施的特点为老师必须要把握锻炼及改正学生举止的方式，可以给学生营造一个氛围，在其基础上尽力巩固学生的优秀行动，改正不良的习性。比如要学会对行为极佳的学生进行适当的夸奖、赞扬等，就会让其他的学生来效仿这种好举动、取消不好的行为举止。而那些有着学习困难的学生，就可以将其的目标进行分解，采取逐一击破和巩固的方式，尽力辅助学生做出正确的举止，把犯错误的概率降到最低，进而提升学习的成效。比如体育的授课大都按照整体的课程规划进行，但是有些个别基础差的学生就会跟不上进度而导致成绩落后。可是若可以灵活使用成功授课方法、程序授课的方法等，把学生当作关键点，奖励学生依照自己喜欢、舒服的速度去学习，就可以达到事半功倍的授课效果。总而言之，此理论有许多的方式方法供借鉴和学习，依据现实的条件选取使用就可以达到更好的学习成效。在这一思想的指导下，程序教学法、循环练习法、情景教学模式、成功教学模式、动作技能形成规律等教学方法和手段相继涌现。

（二）认知主义教学观在体育教学领域的论纲与争鸣

1960 年，认知主义教学的理论火起来，并且有着传统和现代两个阶段的发展。传统的理论为基础的教学论有：以格式塔心理学当作基本的顿悟理论；在场心理学的基本上衍生的认知学习论；在信息加工理论的基础上衍生的信息加工学习论；在现代认知主义心理学的基础上衍生的认知学习论等。

认知教学论对行为教学论的偏差提出批评：学习是学习者内部心理认知结构的形成和改组，而不是"刺激—反应"联结的形成或行为习惯的加强或改变，探讨的主题是学习者内部心理结构的性质，学习者智力变化的迁移。认知教学理论以认知心理学和认知学习论为基础，曾于 20 世纪 60 年代在西方掀起了以认知论为主流的教学改革运动。在这一思想命题下，涌现出结构教学法、暗示教学法、发现教学法等教学方法和手段。

存在问题与不足：认知教学论的体育学习包含"教"的环节，缺少"习"的环节，只强调人的认识活动，割裂了知与行的学习关系。导致把人类学习描述得过于简单、机械，以为教学活动就是单纯地认知积累。只需按照心理认知实施教学方法，便能进入一种高效率的学习，使学生达到教学目标。忽视了人的学习发展既是个体的又是社会的，个体的知识建构过程和社会共享的理解过程是不可分离的。遗忘了个体的发展是自然属性与社会属性的统一。易言之，学生的知识、技能、智能、情感、思想品德、体力等，并不是一部分一部分割裂地、孤立地培养的，仅从知、情、意、行等某一具体方面进行学习是不会取得教学成功的。恰如现代学习型组织理论的创始人彼得·圣吉所言："这种把人的学习当作单纯的知识积累的学习导向，必然导致对个体学习兴趣和学习能力的摧残与衰落。"也诚如人类学家佛尔德·吉尔宁指出："文化的传输不是倒水，从一个容器倒进另一个容器。"在认知主义的体育学习中，学生是"知识积累"，遗忘了知、美、乐情感的获得。恰如法国教育家加里指出，认知主义教学方法的弊端，是把形成知识技能技巧当作唯一的任务。学生只要经过多方的锻炼然后精准地呈现出来就成。这就让学生在"明白、学会、有乐趣"的氛围中达到学习目的，而"学会"及"乐趣"是比较难以实现的。如果要让体育课程达到"和谐性"，就一定要在"学会"及"乐趣"这两方面着手，使学生感受到快乐。认知主义教学的论证虽然没有完成这一任务，但它却唤起了建构主义教学论等对这一命题的兴趣。

存在的问题：把学生学习作为消极受训的被动行为，课程的评价标准核心是追求对人精确的最大化控制和管理。其消极影响不仅在于学科内容的单一化，更为持久、深刻的影响是教育学思维方式的教条化和僵化。其自身虽带有不可避免的缺陷，但客观上却促使了体育课和学科教学实践课迈向了科学化发展的道路，其认知教学的思想为体育教学现代化做出的贡献却是不可磨灭的。

体育知识取向的教学论经历了第一代和第二代的发展历程。其模式主要由对象、目标、策略和评价四大要素构成。

第一代显著的特征是基于达尔文生物进化论、条件反射线性设计和直观顿悟决定论的理念为支持的。其教学理论与实践模式的主要标志是：在学习理论方面，它是以行为主义的联结学习（即刺激—反应）为理论基础。其特点可以概括为：在教学设计过程中应强调四个基本要素，着重解决三个主要问题。四个基本要素：教师、学生、教学媒介和教学评价。三个主要问题：我们去哪里（教学目的是什么）？我们如何去（教学策略与教学媒体是什么）？我们如何知道何时到哪里（我们测量什么，评价什么）？

第二代教学理论与实践模式是以"联结—认知"学习作为理论基础。其显著特征是基于客观主义、认知层级关系的线性设计和学习者与条件关系的决定论理念为支持的。该模式是在第一代教学理论模式基础上，吸取了心理学的大脑认知研究的优点，并结合认知层级关系对教学内容的重要影响而发展起来的。

综上所述，行为主义教学论与认知主义教学论，以"管理学习、提高教学"为教育目标。这一不足是时代打在它们身上的烙印。正如马克思指出，"我们只能在我们时代的条件下进行认识，而且这些条件达到什么程度，我们便认识到什么程度。"受达尔文进化论与客观主义思想的影响，它们只能用进化的观点去观察教学、应用学习，解释教学与学习发展的方式是自然而然的事情。尽管它们有这样或那样的缺点，正是它们的兴起才迈开了教学科学研究的步伐，为后来的研究奠定了基础。正如杜威所言，每一个终点就是一个新的起点，每一个起点又来自于前一个终点。几乎后来教育、体育教学的新发现和新理论都直接或间接支持了它的基本思想。在今天的体育教育中，我们仍然处处感受到这一教学理论的影响，受其指导。诚如邓小平同志所说:"尽管有些新人在科学成就上超过了老师,但老师的功绩还是不可磨灭的。"

二、能力取向的教学流变与争鸣

第二次世界大战后,随着社会生产力水平迅速提高与新生产力发展的新要求,催生了终身教育思潮、发现学习理念、多元智力理论、建构主义学习理论等多种教育理论,为世界各国学者普遍接受和认同。引发人们认识到体育集体教学法在扩大教育范围、提高教育效率、培养社会所需要的大量统一性人才方面是十分成功的。如何在班级授课制基础上推进素质教育,发展学生的能力就成为学校体育教学努力探讨的问题。

(一)建构主义教学观在体育教学领域的论纲与争鸣

由于知识取向的教学理解对教育意义的"能力"有限制,不能契合社会新技术革命进程把知识变成能力的要求,促使时代呼唤新的教学认识。进入 20 世纪,随着信息论、系统论、控制论等科学思想的多元涌入,教学逐步从行为主义教学论和认知主义教学论的机械思维中解脱出来,催生新的教学理论。教学研究领域也走出了仅作为教育心理学之应用学科的狭隘领域,开始运用多学科的话语来解读教学的无尽意义。

在这一背景下,在 20 世纪最后十年"建构主义教学论"应运而生。建构主义教学论认为,教学的立足点应"为理解而教""为学习而设计"。以学生主动建构知识为中心,尊重学习的个体差异,注重互动的学习方式,充分发挥学生的主体性、能动性、创造性。促使学习者在参与意义中获得知识,在开放的对话中获得新的理解和新的知识。使学生在这一过程中投入自己的热情、困惑、烦恼、欣喜等个人情感,从面向知识结论转向在丰富的、复杂的真实情境中体悟知识、生成知识。以大量的附着知觉等隐性知识系统做支撑,在不确定的、复杂的情境中亲自探究、发现过程之美,而不再是对简单结论的记忆。这些正是时代发展对教育提出的迫切要求。因此,建构主义教学论一问世就受到世界各国学者的极大关注。

这些理念为学校体育教学的再认识提供了新的视角,为学校体育教学的再生长注入了改革的活力,形成了新的教育视域。由此引发了学校体育的教育目标、课程与教学的不断调整,以适应这一挑战。涌现出选项教学、合作教学、探究教学、分层教学和支架教学等教学方法。要明白体育授课和人的综合性质及社会的科学性发展间的联系，把体育当作一种引子，把多方面的文化性质综合到授课内容里面。从科学性角度看，全力寻找"课程授课观和学习积极性的探究""课程合理性和人文性探究""课程授课活动的多彩性和授课目的的多样化的探究""课程学识观点的改变和学习方法革新探究"的新思路，要充分地发挥"德智体美劳"等多方面的教育学生的内在条件，将它们全面结合到体育授课的每个方面。这会成为体育授课的关键价值，可以使学生们在学习中爱上体育，享受上课的乐趣，达到了寓教于乐的目的。

存在的问题与不足：①建构主义教学论的视域受认知论的羁绊，存在消解教育主导作用的偏差，如"以学生为中心"并没有错，但过于强调学生的个别性，否定教师的作用，容易造成教学的放任自流。②学习者的知识大部分都是从学校获得的，而不是自我建构发现的。建构主义认为把对知识建构的认识，植气于学习者是狭隘的。这一知识观只关注知识产生过程的主观性，消解了科学知识的传播性和真理性不足。③建构主义理论评价体系缺乏统一性，不完整，难以操作，还需要不断完善和发展。美国学者吉布森所说："建构主义有不少缺点，但给教育研究和实践提供了崭新的尺度。"因此，在应用建构主义理论指导教学时，有必要先厘清学习目标，以确定其适用性。

（二）多元智能教学观在体育教学领域的论纲与争鸣

教育究竟是什么？教育应该给学生什么？教学是教授学生知识，还是发展学生智能？怎样评价学生的"聪明"？面对这个既古老又常青的话题，美国哈佛大学心理学家加德纳教授在1983年出版的《思维的框架：多元智能理论》一书中，提出的智力结构新理论——多元智能理论回答了这个问题。他认为，人类有八种智能，智能的不同组合只是表现出单个人间的差距而已，并没有谁更智慧，只是在什么区域和方面上更出色、擅长而已。多元化的智能论点的出现让我们深入理解了人类智能的本质。智能组合的不同，学生学习的表征与方法也不同。传统"一刀切"的体育教学与学习方式严重阻碍了学生的个性发展。我们要考虑学生之间的个体差异，尽可能为每一位学生设计适合其发展的教学与学习方式，那么每一位学生都有可能得到最大限度的发展。为此，实施体育新课程的个性化教学，开展"为最近发展区而设计"的教学策略与学习策略的研究，以帮助不同学生获得更好的个性化发展。

我们要在教学组织上走出统一进度、统一负荷、统一传授和同意掌握知识的误区，要根据学生智能的不同因材施教，实施个性化教学。让每个学生发挥潜力，让每一个人都找到努力的方向，体验到成功的感受。需要注意的是虽然建构主义教学论、多元智能理论的教学实验日益高涨，其自身还处于建设之中，尚未派生出丰实的教学体系，误用和滥用无疑将严重阻碍和影响其真实功效的发挥。

三、解放取向的教学流变与争鸣

当今，人类社会已进入新知识经济时代，以解放个性为基础的新知识教育形态日益凸显，正成为不可阻挡的世界潮流。马克思指出，自由个性是人的个性发展的最高阶段，并把实现自由个性作为共产主义解放人类的宏伟目标。

个性的发展是教育的核心，只有个性解放的教育才是永恒的追求。也正因为如此，建立以人为本的新的儿童观和教育观，实现教育人道化和教育个性化，已经成为当代世界各国教育改革和发展的普遍趋势。

（一）人本主义教学观在体育教学领域的论纲与争鸣

20世纪60年代，以马斯洛、罗杰斯为代表的人本主义教学观学者提出了"教学是人自身的学习，本质上是解放人的一种活动"，"真正的学习经验能使学习者发现他自己独特的品质，发现自己作为一个人的特征"。反对知识至上主义，反对灌输与压制，反对统一的评价，要求教学不是秩序的理性控制，而应是学生"享有"自由的过程。推崇人生来就有学习的潜能，人是学习的主体，自己建构对世界的认识。要求教学的目标既不是教学生学会知识技能，也不是教学生学会怎样学习，而是要为学生提供一种促使他们自己去学习的情境；促进个体学习的自我实现，引导学生从教学中获取个人的意义。

人本主义教学观提倡只有个性解放的教育才是永恒的追求，体育教育的使命应是解放而不是控制。传统体育教育过于把学习集中于大脑的识记过程，使学习者成为的动作映射器。这种着力于练习的填鸭式教学使体育学习异化为一件很无趣的事情，忽视了学习对成长过程的直接经历与体验。学习过程是以人的整体心理活动为基础的认知活动和情意活动相统一的过程。如果没有个体的精神自由，学习任务不可能完成，学习活动即使发生也不能维持。教育如果像过去一样，局限于按照某些预定的组织规划、需要和见解去训练这是不可能的，教育正走向包括整个社会和个人终身解放的方向。体育教学的乘数效应不仅仅在于关注教学过程是一个完成知识学习的过程，还是一个蕴含着丰富情感、人生哲理的教育性使命过程。

此教学观点打开了体育教育的新探究视野，开辟了新的方向和目标及评判。我们可以把体育教学划分为 3 个阶段来达到这个目的：①学会使用更丰富多样的学习阶段，让乏味的学习变得趣味盎然；②重点探究授课内容的有趣性及激起学生的学习乐趣，让学习不再乏闷；③复现多方面的知识等，使学生在享受学习中明白、学会所有的知识点。

需要指出的是，人本主义教学观这一超越现实的"思想"，毕竟与社会现实存在相当的差距，似乎"路漫漫其修远兮"。但它为我们打开了一扇新思想的大门，带来新思想，确定了未来教育改革的基本方向和可努力的目标。

（二）后现代主义教学观在体育教学领域的论纲与争鸣

纵观人类社会的发展史，人类实践活动可粗略地划分为两种向度：①外向度的，即"改造外部世界为实践"；②内向度的，即"改变主观世界为实践"。在工业文明时代，人依附于物，人的内向度实践的每一次进步总是需要靠外向度实践的前进而拉动。外向度的实践是时代进步的先锋和决定力量，具有主导性。然而，当时代跨越工业文明，逐步进入知识时代时，一切都发生了意想不到的变化。"内向度的实践在历史上第一次摆脱了被动适应的地位，开始以一种前瞻性的超越现实的姿态引导和提携外向度的实践"，即"人类由改造客观世界变为自我挑战、改造主观世界为前提"。对此未来学家阿尔温·托夫勒认为，工业社会的特点是标准化，而知识社会的特点是个性化、多样化、创造性、自主性。

这引发人们从关注外向性知识的存在走向内向性知识的思考，从根本上颠覆了人类旧有教育的整体化、同步化的永恒绝对理解方式。理论家注重把后现代主义的思想当作兵戈，对当代的课程内容进行了深刻评论和重新构架，而且提出了很有可实施性的想法。如将学生当作整体的人群这一发展观点作为重点，注意挖掘"学习文化"的体会及深刻的价值；舍弃填鸭式，倡导多元化授课和生活实践化的学习方式，重新建造科学化的师生及学生之间的关系，增加彼此之间的交流沟通。学生应勇于对知识提出疑问、反对填鸭式的教育理念、摒除老师传统教育方式的影响等。这些观念虽然有着很多尚不完备的地方，可是后现代主义理论为教育界的革新开辟了新的方向，并提供了前进的动力。

2004 年，中国学校体育从大社会、大文化、大教育的新视角去认识体育教育，拉开了具有真正新精神与当代品格的体育新课程教学改革的帷幕，使体育教学走出自我领域的演进与繁殖，嵌入多元文化的复归。以下新面貌的变化仍值得尊重。

（1）产生了"老师主导，学生主体"的授课新形式。着重强调构造"知识变传播"的授课环境，注重关心学生潜在能力的培养，支持学生根据自身的需求而进行选修的形式，纠正了以往将"书籍、课堂及老师当作关键"的缺点。

（2）将体育课程的内容扩大，吸收了综合教育、健康知识等新内容。这是关心人类发展中的潜在内容的开端。将之前的以结果为导向变成了以过程为重点，彰显了学习性的特点。

（3）体育授课更加具有多样性。健身性、运动性、乐趣性、生活性及社会性得到凸显，可以满足同学多方面的需要。

（4）学校的体育课程更长远化的发展追求，将家庭、学校及社会进行综合，结合成为体育课程新的教学观念。

第二章　信息化时代背景下的体育教学现状

第一节　信息化的内涵及发展现状

一、信息化的内涵

（一）信息化的定义

信息化的概念起源于 20 世纪 60 年代，最先是由一位日本学者提出来的，而后被译成英文传播到西方。西方社会普遍使用"信息社会"和"信息化"的概念是 20 世纪 70 年代后期才开始的。对于信息化的概念，各阶段学者立足于多个视角做出了不同的界定。现阶段获得绝大多数人认可的观点是 1997 年召开的首届全国信息化工作会议上学者对信息的定义："信息化是指培育、发展以智能化工具为代表的新的生产力并使之造福于社会的历史过程。"

（二）教育信息化的定义

教育信息化有两层含义：①把提高信息素养纳入教育目标，培养适应信息社会的人才；②把信息技术手段有效应用于教学管理与科研，注重教育信息资源的开发和利用。

教育信息化的核心内容是教学信息化。教学是教育领域的中心工作，教学信息化就是要使教学手段科技化、教育传播信息化、教学方式现代化。教育信息化要求在教育过程中较全面地运用以计算机、多媒体、大数据、人工智能和网络通信为基础的现代信息技术，促进教育改革，从而适应的信息化社会提出的新要求，对深化教育改革、实施素质教育具有重大的意义。

二、我国信息化发展历程

关于我国信息化发展历程的阶段划分，我国学术界至今未能形成统一而权威的说法。二分法和三分法得到了较多人的认可，但这两种划分方法的内部有彼此分化的问题。

持三分法观点的学者大多数认为起步应设定在中华人民共和国成立初期。这一时期国家着手发展宇航事业和原子能工业，并在苏联专家的援助下开展高新技术产业的研发，其中就包括信息科学技术。较为突出的例子就是 1958 年我国第一台数控机床的成功研制。二分法则将改革开放视为信息化的起步阶段。中华人民共和国成立初期，中国经济的发展水平和人才数量是无法为大规模信息化提供条件，致使中国的信息化仅停留在特殊行业和个别科研院所。学者据此提出中国真正的信息化应该是改革开放以后的事情。笔者认同将我国信息化起步设定到中华人民共和国成立初期，同时，以"三分法"为基础将我国信息化发展划分为三个阶段。

第一阶段为信息化的萌芽时期，时间从中华人民共和国成立到改革开放初期（1949—1978）。这一时期我国将信息科学作为航空事业和军工产业发展的配套技术予以研发，具有代表性的有我国第一颗人造卫星"东方红"的远程遥控技术和第一台数控机床的研制。

第二阶段为信息化的起步时期（1978—2000）。1978 年全国科学大会召开，邓小平同志发表重要讲话，提出了"科学技术是生产力"的重要论断。全国科学大会召开以后，科技体制改革逐步推进，信息科学技术进入新的发展历程。1983 年 5 月全国计算机与大规模集成电路规划会议在北京召开，提出"要面向应用，大力加强计算机软件工作，迅速形成软件产业；把计算机的推广应用作为整个计算机事业的重要环节来抓"。1984 年，国务院做出把电子和信息产业的服务重点转移到为国民经济发展、为四个现代化建设、为整个社会生活服务的轨道上来的重要战略决定，而在随后的国家"863"计划之中，信息技术也被列为七大重点发展领域之一。这一系列举措虽然为我国的信息化的起步创造了良好的政策和环境条件，但是受制于国家经济体制转轨，信息科学技术的应用转化效率还处于较低水平，我国信息化的发展并未取得切实成效。1993 年，我国先后启动以建设"中国的信息准高速国道"为目标的"三金工程"，这一系列金字工程的颁布与实施拉开了国民经济信息化的序幕，标志着我国信息化掀开了新的一页。1996 年，推进信息化进程被纳入《国民经济和社会发展"九五"和 2010 年远景目标纲要》。随后，1997 年国务院信息化工作领导小组出台了《国家信息化"九五"规划和 2010 年远景目标纲要》。这一纲要出台后我国信息化发展的初步思路形成了，在"统筹规划，国家主导；统一标准，联合建设；互联互通，资源共享"的信息化建设方针指导下，全国信息化工作在国家统一领导下，稳步推进，为经济社会发展助力。

第三阶段为信息化的辐射带动时期（2000 年至今）。2000 年是我国"九五"计划的最后一年，是我国信息化建设十分关键的一年，市场规模以超过 20%的增长率扩大，国民经济和社会各个领域的信息化应用向纵深发展。这一年在我国信息化发展历程中有承上启下的意义。从国家权威数据统计分析出发，2002 年国家信息化测评中心首次公布了我国国家信息化水平总指数测评结果，全国 2000 年的 NIQ 为 38.46。这是国家信息化评价标准体系慢慢成熟的重要象征。据此，国家信息中心、中国互联网络信息中心（CNNIC）、中国信息安全测评中心等具备权威效力的国家信息测评机构也陆续发布国家年度信息发展报告。2016 年第三届世界互联网大会上中国互联网络信息中心发布的《国家信息化发展评价报告（2016）》（以下简称《报告》）显示，中国国家信息化发展指数排名从 2012 年的第 36 位迅速攀升至 2016 年的第 25 位。中国信息化发展指数首次超过 G20 国家的平均水平。另一份国家信息中心发布的《中国信息社会发展报告（2016）》指出：2016 年全国信息指数（ISI）达到 0.4523，同比增长 4.1%，处于工业化社会向信息社会的加速转型期。2007—2016 年年均增长率达 8.35%，我国已有 32 个城市步入信息社会，深圳是首个步入信息社会中阶的城市。2017 年，广东、浙江信息社会指数首次超过 0.6，与北京、上海、天津一道进入信息社会的初级阶段（见表2-1）。

表2-1　2017 年全国各省份ISI指数前10名

城　市	2017 年 ISI			信息经济指数	网络社会指数	在线政府指数	数字生活指数
	指数	排名	排名变化				
深圳	0.8809	1	0	0.7790	0.8582	0.8971	1.0000
广州	0.8148	2	1	0.6602	0.7746	0.8694	0.9914
北京	0.8083	3	−1	0.7827	0.6632	0.8950	0.9500
珠海	0.7839	4	1	0.6428	0.7509	0.6579	1.0000
宁波	0.7779	5	−1	0.6893	0.7437	0.8255	0.8850
杭州	0.7731	6	0	0.6631	0.7492	0.7530	0.9136
佛山	0.7696	7	2	0.5996	0.7022	0.7908	1.0000
苏州	0.7676	8	−1	0.7123	0.7430	0.7533	0.8524
上海	0.7629	9	−1	0.7032	0.6721	0.8800	0.8743
中山	0.7517	10	0	0.6013	0.6549	0.7487	1.0000

三、中国教育信息化发展现状

（一）高等教育的信息化进展阶段

从 1998 年以来，教育信息化项目工程一直在建设和实施，已经得到了广泛的发展，而且各高等学校的信息化设施、信息技术在教学中的应用都在不断地普及。具体的教育信息化的基础设施有高校的校园网、多媒体教室、计算机课堂、网络教学支撑平台、数字图书馆、信息发布与管理平台、教学资源管理平台等。

（二）基础教育的信息化进展阶段

随着教育信息化工程在高等院校的顺利实施，2000 年 10 月教育部提出：要从 2001 年起，在 5~10 年内，达到每个学校都能够使用信息化教学手段，"校校通"工程贯穿所有的学校，通过信息化教育促进教育的发展，跟上新时代的步伐，让我国的基础教育达到翻倍式发展的目标。

在国家政策支持下，经过工作人员不懈的努力奋进，全国中小学校园网的数量增加了将近 20 倍。2000 年 10 月统计的数据是约 3000 个，2009 年 12 月统计的数据是约 6 万个。同时，校园网络的网速也飞速发展，带宽和速率均提高了一个数量级。不到十年的时间,我国的城镇中小学校基本实现了初具规模的信息化教学环境,同时有利于进一步实现多媒体教学和网络教学。

伴随着"农远工程"的全面快速推进,我国偏远的农村地区和相对经济不发达的地区的办学条件和教学质量都普遍有所提高。

教育信息化的普及,使我国义务教育得到了比较均衡、比较稳定的发展。从 2008 年开始,中小学的信息化教育便慢慢地进入了第二发展阶段,其重点是信息化技术在教学中的应用,强调的重点是要在课堂教学过程中通过信息技术的应用以实现教育、教学质量的显著提升。

(三) 从 2010 年以后到现在——跨入"反思探索"阶段

国内教育信息化跨入全新发展阶段——"反思探索"的阶段,具体表现在两份报告上:

(1)我国于 2010 年颁布的《国家中长期教育改革与发展规划纲要(2010—2020 年)》用"有革命性影响"来形容信息技术对教育发展的意义与作用,进一步说明,信息技术在各部门教育的改革与发展(乃至变革与创新)中已占据主导地位。这代表了我们国家自 20 世纪 90 年代以来,在深刻反思的基础上进行了认真的理论思考。

(2)在由教育部制定的《教育信息化十年发展规划(2011—2020 年)》中提出,想要真正实现我国教育信息化的全面普及,达到各级各类教育的变革与创新,让信息技术真正融入教育发展的方方面面,就要在利用和发挥现代信息技术优势的同时,将信息技术与教育进行深度融合。

四、当代我国教育信息化的基本特征

教育信息化既具有"技术"的属性,同时也具有"教育"的属性。

从技术属性看,教育信息化的基本特征是数字化、网络化、智能化和多媒化。数字化使得教育信息技术系统的设备简单、性能可靠和标准统一。网络化使得信息资源可共享、活动时空少限制、人际合作易实现。智能化使得系统能够做到教学行为人性化、人机通信自然化、繁杂任务代理化。多媒化使得传媒设备一体化、信息表征多元化、复杂现象虚拟化。

从教育属性看,教育信息化的基本特征是开放性、共享性、交互性与协作性。开放性打破了以学校教育为中心的教育体系，使得教育社会化、终身化、自主化。共享性是信息化的本质特征，使得大量丰富的教育资源能为全体学习者共享，且取之不尽、用之不竭。交互性能实现人—机之间的双向沟通和人—人之间的远距离交互学习，促进教师与学生、学生与学生、学生与其他人之间的多向交流。协作性为教育者提供了更多的人—人、人—机协作完成任务的机会。教学信息化从根本上改变了传统的教学模式，其主要有以下特征。

（1）信息传递优势。现代经济学认为，获取信息是克服人类"无知"的唯一途径。信息搜寻要花费代价（即交易费用），其中信息传递成本占据了相当的份额。传统教学采用"师傅带徒弟"式的完全面接方法，花费了大量的人力物力，也是一种社会资源浪费。网络教学高速度的信息传递功能，无疑大大节约了全社会的信息传导成本。

（2）信息质量优势。随着"远程教育"工程的实施，学生可以共享优秀教育资源和高质量的教学信息。不可否认的是，作为知识传导者的教师，其水平也参差不齐，接受者获得的信息质量也就大有差异。远程教学由最优秀的教师制作课件，可以有效保证所传输的信息质量。

（3）信息成本优势。接受教育在内的权力平等是人类共同追求的目标值之一。然而，由于人们现实的经济环境和经济条件差异，无论政府还是民间团体或个人如何努力，仍有相当多的青少年和成人难圆"大学梦"或"继续教育梦"。远程教育可让学生在学校或家中利用在线网络教学平台，按照相关专业的教学安排，根据自身的学习特点和工作、生活环境，进行"到课不到堂"的自主学习。远程教育的成本运行费用低，带来了新的教育市场变化，大大增加了满足更多的学生，尤其是贫困学生以及因谋生而不得闲暇的成人圆梦的机会。

（4）信息交流优势。教学方式现代化改变了传统的以老师为主的单向教学方式，形成以学生为主体、老师为主导的双主教学方式。教育信息化利用信息技术改变传统的教学模式，实行交互式教学。学生可以通过网上教学平台随时点播和下载网上教学资源，利用网上交互功能与教师或其他学生进行交流，通过双向视频等系统共享优秀教师的远程讲授及辅导，充分利用网络的互动优势开展学习活动。这样，每一个学生都能自由地发挥创造力和想象力，进而成长为具有探索求新能力的新型人才。

第二节 社会转型与大学生体质健康

一、社会转型中各种压力对大学生身心健康产生的影响

（一）转型中的价值冲突与大学生的心理焦虑

党的十一届三中全会后，我国进入了改革开放时期。改革开放为我国带来了经济与社会的快速发展，社会发生了明显的转型。在这40多年里，社会结构发生转变，社会形态发生变迁，从传统社会转向现代社会、农业社会转向工业社会、封闭社会转向开放社会、体力型社会转向技术型与知识型社会，并进一步转向创新型社会；人的思想观念由保守转向开放，生活、工作由慢节奏转向快节奏，人的关系由相对平稳转向激烈的竞争等。在社会转型的过程中，存在不同社会形态下的精神与物质的共存现象。

当今的社会转型既促进了经济发展、社会进步、政治文明、文化繁荣、国力增强等，但同时也产生一些不可避免的负面效应。当代大学生正经历着中国的大变革时代，他们的成长伴随着整个社会的变迁。面对着万花筒般变化的社会，在全民的价值观、人生观和世界观的变化中，这群价值观和人生观还没有完全树立的年轻人要经受着各种社会现实的考验！太多的理想与现实的矛盾造成了他们的茫然和无助，也给他们带来信仰的缺失和心理压力。这种压力和迷茫的痛苦是过去任何大学生所没有经历过的。

当一些大学生面对社会种种不合理的现象时，会感到困惑、不平和不安，产生对社会不信任和无奈的心理、浮躁焦虑和忧郁的心理、迷茫与盲从的心理，甚至导致人格发展的异常。这些消极的心理导致部分大学生出现抑郁、焦虑、强迫、恐惧等心理障碍，从而影响大学生的身心健康。当今这种由价值观冲突而引起的大学生心理障碍和影响健康的问题，应引起

社会、学校和家长的重视。

（二）就业压力对大学生身心健康的影响

面对严峻的就业压力，很多大学生并未做好充分的思想准备，他们的就业观念和就业取向仍未能完全适应就业市场的现实情况。一些研究结果表明，当前相当一部分大学生对就业形势认识不足、相关知识和能力欠缺、竞争意识不强、心理状态差、思想压力大、所学专业与未来工作矛盾等。就业的巨大压力使大学生群体出现较为严重的消极情绪。就业压力对大学生的心理健康带来了一定的消极影响。面对现在日益严峻的就业环境，大学生没有一个良好的心态就很容易承受不住压力，对于问题消极处理，甚至将这种情绪带入家庭或者社会中。这也不利于和谐社会的建立。

社会环境因素也会对大学生就业产生影响，因为地域和政策的不同，地区收入差距和行业收入差距拉大，导致大学生对就业也产生了不对等的期待。大学生对于就业应该有个正确的对待方式，在价值观方面进行调整，在就业中需要抓住机遇，优化就业意识，克服在就业方面的茫然和焦虑心理，树立良好的就业方向和就业目标。大学生需要详细规划，提高自身的综合能力和职业技能，提高就业率。另外，学校也可以对学生进行就业指导，从多方面考虑大学生的就业问题，拓宽大学生的就业渠道。大学生应树立科学就业观，树立良好的就业心态，减轻自身的就业压力，逐渐排除消极、焦虑与抑郁的心理，保证身心健康成长。

（三）学业压力对大学生身心健康的影响

大学是人生接受系统的学校教育的最后阶段，大学毕业后学生将走向各自的工作岗位，进入职业生涯。大学生进入大学后的首要任务是学习。为了自己将来能更好地发展，如何学好知识和本领依然是大学生最为在意的问题，因此学业压力就必然成为他们面对的主要问题。

学业压力是指学生在面对来自学校、家庭和社会的学习要求与学生学习能力之间的矛盾时而产生的心理压力。诸多研究表明，社会的发展对大学生的综合素质提出了更高的要求，学业压力的加大也导致大学生就业难度提升。对于外界提出的各种学业要求，很多大学生感到力不从心，他们的能力已无法达到，因此他们担心、着急、焦虑，甚至恐惧。不少研究表明，适中的学习压力强度有利于维持学生的适度紧张感，从而提高其智力活动的效率。但过高的学习压力则会产生多种负面影响，如引起学生的健康状况不佳、导致抑郁和学业成绩不良等。大学生的学业压力随着社会的发展和竞争的增加而日益凸显，樊富珉做的一项调查表明：从高中这样紧张的学习氛围到大学相对来说比较轻松的环境，大学生缺乏紧迫感，造成学习的松散性；另外，大学的课程和难度都比中学时候有所增大，也给大学生造成了学业压力。

在学业的重压下，大学生在生理上出现明显的不良状况，其中最为突出的是食欲不振和睡眠不好。多地高校的调查结果都表明，如今大学生普遍存在较为严重的失眠现象。这一现象必然影响他们的身心健康。陈芳蓉对大学生的学业压力源与睡眠质量的特点及其关系进行了专门的研究，她分别从任务要求压力、竞争压力、挫折压力、环境压力、成绩目标压力、期望压力、就业前景压力、发展压力和父母压力等方面考察大学生的学业压力。研究结果表明，大学生学业压力源与睡眠质量之间存在相关性，其中除与期望压力相关外，与就业前景压力、成绩目标压力、任务要求压力、竞争压力、挫折压力、父母压力、环境压力和发展压力都存在极显著相关的关系。研究结果还表明，学业压力源变量可直接显著影响大学生的睡眠质量，同时也可使他们处于焦虑、抑郁状态，再间接影响睡眠质量。一些调查研究表明，由于学习压力过大，相当一部分大学生长期处于一种焦虑不安和抑郁的状态，因此患有神经衰弱症，严重影响到他们的身体健康。学业的压力使多数大学生没有时间参加体育锻炼和娱乐活动，他们紧绷的精神不能得到必要的缓解，身体长期得不到锻炼，导致相当一部分大学生体质衰弱。

有效的时间管理、社会支持、积极评价以及开展休闲娱乐活动是减轻学生学业压力的有效途径。我们应当帮助学生尽快学会和掌握科学管理时间的方法，提高学习效率和减轻压力；应当创造必要的机会让大学生参加各种休闲活动，尤其是参加体育锻炼；还应当创造更多的人际交往的机会，让他们在各种人际交往中获得情感支持，减轻学业压力。

（四）社交压力对大学生体质健康产生的影响

大学生是一个思想活跃的群体。作为情感丰富的年轻人，他们渴望被人理解、接受与认同，有着强烈的人际交往需求。他们在交往中珍惜友谊，在人际交往中注重感情。但是，年轻大学生尚未形成较稳定的人生观、价值观。大学生来自全国各地，他们在语言、习俗、个性以及不同地域文化背景等方面具有差异。人际关系的不和谐常常使一部分大学生陷入一种怨恨、焦虑、恐惧等心理。

当今大学生在人际交往方面也存在着一些问题，主要表现在以下几方面：①在全社会过分强调竞争的背景下，大学生的竞争意识比较强，喜欢争强好胜，总是希望各方面都能够比别人好，对其他人常常表现出防范的心理和冷漠的心态。过度的提防心理造成某些大学生不敢交往。②时代在进步，随着社会不断高速发展，大学生将在社会中面临更大的压力，以及更多的诱惑，有的人在人际交往中常带有功利性。③交往能力不足是当前部分大学生人际交往存在的一个主要问题，是大学生交往产生障碍的主要原因之一。

社交是人生存与发展的需要，对人的生活、工作、学习都有着至关重要的作用，我们需要重视这个问题，用积极的态度去面对人际关系，减轻自身的社交心理压力。据调查研究，社交压力已经成为当代大学生面临的主要压力之一，不良的人际关系是大学生心理障碍和精神疾病的主要诱因，同样对他们的身心健康造成严重的影响。正确地处理好人际关系，有利于大学生养成良好的价值观，而且可以良好的人际关系可使人身心愉悦，可以更好地面对生活和工作，更好地处理面临的各种困难和挑战。相反，如果在人际交往中面临各种不顺利，会导致大学生产生挫败感，同时形成各种心理压力，产生心理矛盾。学校应当注重加强校园文明建设，支持大学生建立各种社团组织，开展各种健康有意义的集体性活动，为他们创造更多人际交往的机会，使他们能在良好的集体氛围中感受到良好的人际交往所带来的愉悦，同时通过有组织的交往帮助他们提高交往能力。大学生也要加强自我教育，树立正确的人生观，不断完善人格，同时要主动参加各种人际交往活动，在交往中学习掌握交往的能力和技巧。

二、转型期不良生活方式对大学生体质健康产生的影响

（一）睡眠不足带来的不良影响

人的一生大约三分之一的时间是在睡眠中度过的，适当的睡眠是人体健康不可缺少的条件。睡眠有助于大脑休息，恢复其兴奋性，使人精力充沛。睡眠时，心率变慢，肌肉松弛，血压降低，全身各种代谢处于较低的水平，有助于消除疲劳。睡眠不仅仅是机体消除疲劳的需要，而且人的很多生理功能是需要在睡眠的情况下进行的，如人体的多种排毒功能、各种生理上的调节功能需要在睡眠的情况下才能较好地进行。此外，足够的睡眠可使人保持良好的精神状态。睡眠不足者，通常会表现出烦躁、激动或精神萎靡、注意力分散、记忆力减退等精神神经症状，长期缺少睡眠则可能产生幻觉。而大脑在睡眠状态中耗氧量大大减少，这无疑有利于脑细胞的能量贮存，尽早恢复精力，提高大脑的使用效率。因此，睡眠的状况与人的体质健康有着密切的关系，睡眠的质量直接影响人体健康的水平。如果正常的睡眠规律被打破，睡眠时间不足或睡眠的质量差，都将影响有机体得到必要的休息，影响人体某些功能的正常发挥，时间长了就必然影响到身体健康，甚至引起各种疾病。研究表明，担心、烦躁、焦虑、抑郁等负面心理因素严重影响睡眠质量。健康的心理状态与睡眠质量呈正相关关系。健康的心理促进睡眠质量的提高，良好的睡眠质量可产生愉快的心理。要使大学生在睡眠上的质量有所改善，进行心理上的辅导及问题的干预措施是对大学生必不可少且有针对性的步骤，以在此基础上促使其身心的健康得到保障，睡眠的质量得以提升。

（二）不良的饮食方式影响大学生的体质健康

常言道"民以食为天"。这足以说明吃对于人的重要性。人要活着就要新陈代谢，就需要靠吃来及时补充能量和各种营养。因此，吃得科学才能保证身体的健康。常言道"病从口入"，如果饮食不得当，不仅会引起一些消化系统疾病，还会引起严重的现代文明病。众多学者对一些地区大学生的营养状况的调查显示，有相当比例的大学生营养状况较差，营养不良和肥胖率均较高。由于大学生不良的饮食行为习惯而造成的营养不良问题必

须引起我们的重视。

大学生仍处在长身体时期，他们在学校期间学习负担较重，活动量大，对能量和各种营养的需求都超过很多人，因此他们的饮食营养状况直接影响到他们的健康成长。当前相当数量的大学生存在不良的饮食行为和习惯，主要表现在不吃早餐、挑食和不懂得营养合理搭配等。

根据这些实际情况，有学者提出了一些改善的建议：①建议高等学校聘请食品营养专业的老师开设科学饮食营养课程或讲座，并对食堂从业人员开展相关教育活动，让他们了解食品与人的生长发育、体质健康的关系，学会辨识各类食品的质量、营养，科学合理地选择、安排自己的日常膳食，并养成良好的饮食习惯。②强化高校食堂的专业化建设和管理，学校食堂应提高营养意识和营养知识水平，不仅为大学生提供卫生、合理的膳食，还应当对学生的合理配膳进行必要指导，促进他们养成良好的膳食习惯。③学校应通过各种形式加强饮食营养的宣传，向大家介绍和推广科学的饮食营养。可以利用学校广播电台、闭路电视等媒体或宣传广告栏做营养知识的宣传，还可以通过成立各种相关的学生社团组织，开展各种科学饮食营养的宣传和推广活动，为大学生营造良好的健康饮食氛围，提高大学生的营养意识，逐步改正不良饮食行为，掌握健康科学的饮食方式。

（三）互联网对大学生的负面影响

大学生是最容易接受新生事物和现代高科技产品的群体。他们充满活力，紧跟时代的潮流，渴望获取最新的资讯。网络极大地改变了人们的生活方式、学习方式、交往方式和娱乐方式，当今的大学生已经离不开网络，网络伴随着大学生成长。

人们常说科技是一把双刃剑，网络也是如此。网络给大学生带来更广阔的学习、交流、娱乐空间等好处的同时，也带来了许多负面的影响，有诸多问题。多项调查研究表明，我国大学生对网络的依赖性越来越强，网络成瘾的大学生数量逐渐增多，比例逐渐增大。一旦对网络成瘾，往往会越陷越深，以致难以自拔。网络成瘾的大学生整天沉迷于网络的虚拟世界中寻求刺激，每天上网就不想下来，经常是持续几个小时，甚至通宵达旦，这不仅影响他们的学业和正常的生活，也严重损害了他们的身心健康。长时间无节制的上网将使其在很多客观的指标上都达不到基本要求，如应变能力、注意力以及稳定性等，同时其能力也受到一定的影响，并伴有身体上的肩颈疼痛、失眠、体重下降、运动反应能力低下、易怒等。网瘾不仅对于个人在心理上的健康造成一定的影响，更影响着其的学习、生活、工作、家庭等。再有，与老师、同学还有家人们的渐行渐远，与社会脱节、在情绪上的抑郁与孤单感都是因过度使用网络进行交友或者游戏等活动所致。大学生网瘾问题是一个需要全社会共同关注的问题，预防与矫治大学生网瘾也是全社会共同的责任。大学生网瘾的防治工作，不仅需要政府部门的参与，还需要全社会、学校和家庭的共同参与，通过相互合作、相互配合来共同完成。

三、大学生体育遇到的问题对学生体质健康的影响

（一）高校转型对大学生体育的冲击

1. 大学扩招带来高校场地器材的不足

21 世纪以来，由于高校扩招，在校生不断增加，虽然全国高校投入基础建设的资金相当可观，但是由于对体育重视不够，今天体育场地、器材缺乏仍然是目前我国高校普遍存在的问题。我们经常可以看到，课外活动时间体育场馆人满为患的现象。这种现象严重影响着高校体育教学和课外体育活动的顺利进行，制约着大学生参与课外体育锻炼的积极性。近几年来，高校体育场馆建设有了一定的进展，部分高校建成了一批较现代化的体育场馆。但场馆往往被学校或学院对外"开放"了，甚至承包出去了，使这些场馆变成单位创收的平台，而大学生作为学校真正的主人却由于暂时无经济收入，没有能力进入场馆进行锻炼严重影响了他们的锻炼热情。在场地器材不足的情况下，在确保体育教学的工作任务的达成下，一些院校将体育课安排在下午 7~8 节课的时间上，也导致了大学生在体育锻炼的参与性上不高，更不用说所谓的深度及规模性的体育运动。应该针对体育馆场的硬件设施进行完善与配置。

2. 高校体育教师的工作热情

（1）超负荷的工作使体育教师疲于应付。年年扩招使高校的在校生数

量急剧增长。面对不断增加的在校生，高校老师承受着很大的教学工作压力。多数高校实际上未能给予体育足够的重视，很多学校不能按教育部规定的师生比配置体育教师。因此，不少高校体育教师队伍实际上处于一种短缺状态，这种现状造成了体育教师都需要承担繁重的教学任务。大多数体育教师除了上课之外，还要指导课外运动队训练，组织学生锻炼、体质测试和各种竞赛活动，超负荷的运转使他们感到不堪重负，身心的疲惫长期得不到恢复，致使工作的热情受到一定的影响，严重影响体育课程教学的质量。

（2）职称评定及各种激励机制不完善，影响体育教师的工作投入。理论上，体育对于高等教育来说是十分重要的，照理应得到必要的重视，但实际情况却是说时重要，做时次要，忙时不要。因此，体育教师在高校中的地位不高，有的高校中的很多政策、制度和机制不太考虑体育专业的特点和体育教师工作的特点。例如，有的高校教师职称评审工作的量化指标就很少考虑到体育专业的实际情况，造成有的体育教师在职称评审过程中成为学校垫底的群体。

种种原因造成了体育教师缺乏工作热情和积极性，使一部分人对自己的本职工作应付了事，在教学过程中不愿意投入足够的时间和精力，对课堂教学缺乏周密设计和认真组织，不按科学规律教学，没能考虑如何保证学生在活动过程中达到增强体质应有的运动负荷，造成体质得不到应有的锻炼和提高。

3. 大学生参加体育活动的情况不太理想

当前大学生普遍缺乏体育锻炼。在国家经济的迅猛发展下，社会的竞争愈演愈烈，学习的重担促使学生的课余活动时间被挤压得所剩无几，更别说体育锻炼。当体育运动与各种等级考试相冲突时，体育锻炼的时间自然被压缩、精简。

多项调查研究结果都说明，大学生一般都能认识到体育锻炼对健康的重要性，也都明白长期缺少运动必定会影响到健康。但是多数人并没有把这种认识转化为行为习惯，缺乏锻炼的持续性。为了达到最终让大学生形成锻炼的行为习惯，自觉地坚持经常性的体育运动，我们首先应当注重从体育知识技能掌握到健康理念的转化，在向学生传授知识的同时，帮助学生树立正确的体质健康观，形成健康行为习惯。同时，还应加强校园体育文化建设，将校园体育文化建设与校外体育文化联系起来。建立各种体育活动制度，组织各种体育社团，加强体育宣传活动，促进大学生自动参加各种体育活动。另外，应当进一步加强体质测试的科学化，真正让体质测试起到推动学生参加体育锻炼的作用。同时还应当加强对学生健身的指导，让学生真正感受和体验到体育锻炼的好处和实际效益。

（二）大学体育课程改革滞后的影响

我国高等教育历来重视体育的育人作用，中华人民共和国成立以来，我国大学一直都开设体育课程，而且将大学体育课列入必修课程，成绩不合格者不能毕业。改革开放以来，为了适应社会转型和高等教育转型，我国广大高校体育教师一直在努力改变观念，积极探索体育课程与教学改革，在课程目标、课程内容、教学模式与方法、教学评价等方面进行全面改革，且取得了明显的成效。但是，客观地说，改革仍然滞后于形势的发展。大学开设体育必修课程，其目标是要培养学生对体育的兴趣爱好，帮助学生养成积极参与体育活动的习惯；帮助学生掌握一定的体育知识和体育锻炼的手段，让学生具备终身锻炼身体的能力；希望体育课和课外体育活动帮助学生增强体质，培养良好的心理品质和社会适应能力。对照体育课程的目标与要求，应该说当前的高校体育课程与教学改革还有很大的进步空间。

1．体育课程内容改革存在问题

2020 年 10 月，中共中央办公厅、国务院办公厅印发了《关于全面加强和改进新时代学校体育工作的意见》（简称《意见》）。在《意见》的指导下，各地高校积极开发本地丰富的课程资源，为了让课程内容更加丰富，将大量的民族传统项目、现代体育项目和娱乐休闲体育项目引进课堂。条件较好的高校，其体育课开设的项目可达数十项，如射击、射箭、击剑、武术、柔道、跆拳道、健美操、啦啦操、赛艇、水球、跳水、攀岩、沙滩排球、龙舟、排舞、板球、踏板操、秧歌、腰鼓、野外生存技能、定向越野等，甚至还开设橄榄球、棒球、高尔夫球、藤球等项目。

丰富的大学体育课项目能够激发学生的兴趣与爱好，激发他们主动参与体育课程学习的热情，并取得较好的锻炼效果，同时培养他们终身体育的能力。但是，任何事情都不能矫枉过正，不是所有能引起大学生兴趣爱好的项目都适合体育课程的需要。有些项目如棋牌类、钓鱼、飞镖、台球等虽然很受一部分学生的喜欢，但这些项目缺少一定的运动负荷，对运动器官等的锻炼作用很小，难以达到改善大学生体质、增进健康、培养其顽强的意志品质的目的。课程内容与娱乐性的内容和游戏在目的与方法上有很大区别。如果仅从大学生的兴趣出发，将钓鱼、台球、飞镖等项目列为大学体育课程的教学内容，替代传统的、真正能够促进体能发展的、与人类生活息息相关的运动项目（如田径、游泳等），仅凭兴趣和乐趣选择对身体机能刺激不大的休闲性项目，看似内容丰富多样，但削弱了身体练习的核心地位，锻炼效果甚微。体育课程内容考虑学生的兴趣和爱好没有错，但是如果选择内容仅以其为依据，就会造成一部分耐力性项目和力量性练习因学生怕累、不喜欢而被排除，使得体育课的运动量和强度严重不足，最终的后果是大学生心肺功能和肌肉力量明显下降。

2. 体育教学模式改革滞后影响课程目标的达成

体育课是实践性很强的课程，体育课程要达到课程目标、实现促进学生健康的目的，最终还得靠体育教师和学生互动的教学实践。而体育教学要达到较佳的效果，选用的教学内容除了必须具有科学性、实用性、文化性、趣味性等之外，更重要的是在教学的实施中还要有适合的模式、方法、手段。广大体育教师为了提高体育教学效果，一直在努力进行着教学改革探索，在各种思想的指导下创造了多种新颖的教学模式和方法。

然而客观地说，这些改革也存在一定的问题，未能有效地推动体育课程总体目标的达成。中华人民共和国成立后很长一段时间里，运动技能传授模式在我国高校体育教学中一直占主导地位。这种教学模式的目标主要是掌握运动知识、技能和技术。这种教学模式突出了教师在教学中的主导地位，有利于教师有效地组织、调控教学，有利于学生有效地掌握运动技能，对发展学生的运动技能水平有较好的效果。但这种教学模式忽视了学生在教学过程中的主体作用，忽视了学生的兴趣爱好和心理特征，不利于激发学生学习的热情，不利于发展学生的个性和创造性精神。长期执行这种教学模式的结果是使许多热爱体育的学生不爱上体育课。改革开放后，我国体育教师为了改变这种教学现状，开始注意学习世界各国先进的教育思想和教学模式，其中"快乐体育"对我国体育教学改革具有重要的影响。在"快乐体育"思想的影响下，我国体育教师结合具体国情，逐步形成了自己的"快乐体育"的教学模式。体育教师试图以"快乐体育"的教学模式实现学生喜欢体育、热爱体育并逐步养成终身体育锻炼的习惯的目标。这种教学模式采用的是学生喜闻乐见的运动教材，通过现代体育教学方法，让学生充分发挥积极性，在学习中体验体育运动的快乐。同时，老师们还提出了"主体体育""乐和体育""成功体育"等教学模式。这些教学模式的共同特点是以学生的身体健康和全面发展为本，力图改变传统的单一传授运动技术的教学模式，强调发挥学生的主体意识，从学生的兴趣入手，注重培养学生的体育意识和情感，养成终身体育锻炼的习惯，使学生终身受益于体育。

3. 体育教学评价改革未见实际成效

教学评价是体育教学的一个重要环节，其目的是通过评价及时了解教学的效果，发现存在的问题并及时反馈和调节，促进教学质量的提高；让学生通过评价得到鼓舞和激励，从而激发和调动学生的积极性，促进学生身心得到全面发展。从评价的角度来看，以往传统的体育教学的考核侧重点是在运动能力、身体质素以及体育知识的掌握上，但是不包括全面性的教学目标，特别是有关智力、非体力方面的目标要求的评价，如体育精神、态度、意识以及情感等。这种评价的特点是评价的内容单一，重终结性评价、轻过程性评价，重他人评价、轻自我评价。它严重挫伤了一部分学生体育学习的积极性。尤其是一部分体质较弱的学生经过极大的努力仍无法"达标"，由此对体育产生厌恶和惧怕，丧失了学习的信心。这种评价无法对体育教学过程进行及时反馈调整，不利于教师改进教学、提高教学质量，也不利于激励学生学习。

对于传统的体育教学的问题，学校的老师也有了全面的认识，对于评价也更为关注，不仅在体育教学的评价内注入丰富的情感来进行有关内容的展现；以终结性与过程性两者相互融合的评价发展方向来一步步取代以往只以终结性进行评价的方式，同时在评价上重视其过程性。

广大高校体育教师在教学实践中对评价进行了改革，并进行了一些有益的探索。但是，从目前的实际情况来看，多数的改革只是流于形式，一些评价改革评价方案的内容与程序过于复杂，难以被广大体育教师所接受，改革的实际成效有限。教学评价改革与教师和学生的观念关系密切，由于受传统体育考试做法的影响，相当一部分体育教师仍然摆脱不了原有的评价观念和习惯做法。一些调查研究表明，仍然有相当多的老师习惯把量化的各种终结指标作为评价的主要内容，使教学与这些指标形成一种密切的关系。这些指标无形中成为教师教和学生学的指挥棒，成为体育教学的行为导向。这势必造成仍然有很多学生喜欢体育却不喜欢体育课，喜欢体育课却害怕体育考试的尴尬局面。

评价是体育教学的导向，体育教师教什么和怎么教、学生学什么和怎么学总是围绕着评价进行的。目前，我国高校体育教学评价虽然经过多年的努力探索，有了一定的进展，但却未能彻底改变存在的问题，未能有力地推动教师正确的教和学生正确的学，未能真正起到促进体育课程目标的全面达成。这一问题应引起我们的重视。虽然教学评价改革较复杂、难度很大，但必须坚持继续该项改革的探索，使教学评价真正起到促进学生体育兴趣和习惯的形成，掌握必要的体育知识技能，提高他们终身体育的能力，实现增强学生体质的最终目的。

第三节　我国体育教学的发展现状

一、体育教学目标的发展现状

体育教学目标是指以体育教学目的为依据而提出的预期成果。阶段性成果和最终成果是这个预期成果的两个类型。前者对应的是体育教学阶段目标。后者对应的是体育教学总目标。这是阶段性成果和最终成果的总和。体育教学总目标的完成是体育教学目的实现的主要标志。

作为体育教学的灵魂，体育教学目标是体育教学工作开展的出发点和最终归宿。具体、实用的体育教学目标会对体育课的效果带来积极的影响。我国长期以来树立体育教学目标时围绕的核心是增强体质、传授三基及培养道德品质。这些重点强调了学生的"体"，而忽视了"育"，也就是忽视了对人的培养。因此，制订体育教学目标的过程中产生了笼统、含糊等问题，最终造成开展和实施体育教学活动的过程中没有清晰而确定的方向。

新课程标准将体育教学的领域目标确立为运动参与、运动技能、身体健康、心理健康和社会适应等五方面。这五方面对学生知识、技能的掌握，学生身体、心理、社会适应等能力的培养给予了全面的关注与重视。同时，以学生的特点为依据，又可以将体育课程目标分为基本目标和发展性目标。前者是学习领域目标的进一步深化，明确提出大学生通过学习体育与健康课程应该具备什么样的基本素质。后者则是在基本目标基础上提出的要求较高的目标。它不仅规定了学生应该达到的基本要求，同时对学生个体差异与不同需求给予了一定程度的重视。这对于学生学习积极性的调动和"吃不饱"现象的解决具有积极的影响。

分析表 2-2 的调查结果会发现，把"掌握体育锻炼方法，树立终身体育意识"视为体育课程首要目标的体育教师有 82.5%。这表明体育教师尤为重视学生掌握体育锻炼方法的实际情况，目的是保证学生在未来的锻炼达到科学性要求，并且逐步养成终身体育锻炼的优良习惯。选择"调节情绪，培养积极乐观的生活态度"这一目标的教师有 70.8%。这说明体育教师对学生的心理健康比较关注，希望通过体育教学实现心理健康目标。选择"掌握体育卫生知识，树立健康第一的思想"这一目标的体育教师有 60.0%。可见大多数体育教师认为学生养成健康的生活习惯、树立健康价值观是非常重要的。重视"培养学生协作精神"这一目标的体育教师有 56.7%。这说明体育教师对学生社会适应能力的培养和提高是比较重视的。选择"掌握运动技能，提高技术水平"的教师有 30.0%。这表明体育教师针对体育教学目标形成的认识正在朝着多元化和深入化的方向发展。只重视"掌握运动技能""增强体质"等目标已经变成过去时，越来越多的体育教师深刻领会到学生全面协调发展的深远意义。

表2-2　体育教师对体育教学目标的认识调查（n=120）

教学目标	频　数	频率/%
掌握体育锻炼方法，树立终身体育意识	99	82.5
调节情绪，培养积极乐观的生活态度	85	70.8
掌握体育卫生知识，树立健康第一的思想	72	60.0
培养学生协作精神	68	56.7
掌握运动技能，提高技术水平	36	30.0

二、体育课的组织发展现状

在学校体育教学中，应面向全体学生开展多种类型的体育课程，勇于将原有的系别、班级建制打破，重新组合上课，以使不同层次、水平、兴趣的学生的体育学习需要得到满足。此外，学校还应针对特殊学生群体（身体异常和病、残、弱等）开设以康复保健为主要内容的课程。

通过调查我国 16 所普通高校的体育课组织形式可知，当时采用普修课授课形式的有 9 所，占 56.3%（见表 2-3）。体育普修课教学的目的主要是使学生了解体育项目、学习体育基础知识、掌握体育基本技术和技能、促进学生体质的增强。在普修课教学中，体育教师充分发挥自身的主导作用能够使学生扎实掌握体育基本知识、技术和技能，促进学生意志品质和集体主义精神的强化，使体育教学更加规范。当然，普修课的授课形式也有不足之处，具体就是有很大可能会使学生在消极、压抑的处境中被动学习，对学生创造性思维的发展以及个性的发展有负面影响。采用选项课形式进行体育授课的学校有 2 所，这种授课形式有利于对学生的学习积极性进行调动，使学生的个性得以充分发挥，但因为学生在入学前不太了解各类选项科目，所以，直接采用选项课的形式进行教学具有一定的盲目性，教学过程中要求转项的学生有不少，这就给体育教学管理带来了困难。采用普修课+选项课的形式进行体育授课的学校有 5 所。这种教学形式融合了二者的优点，它们相互补充，不仅使学生掌握了体育基础知识和技能，又使学生学习积极性得到了充分的调动，还使学生的运动能力得到了全面的提高。此外，普修与选修的结合还有利于在体育教学中因材施教，将学生的兴趣、爱好兼顾起来，满足不同运动水平的学生的需求。

针对特殊学生群体开展康复保健体育课程的学校不多。这个问题应当得到社会各界的高度重视，促使体育教育面向全体学生，为身体异常学生和特殊学生参与体育锻炼提供保障。

表2-3　体育课组织形式调查（n=16）

授课形式	学校数	比例/%
普修课	9	56.3
选项课	2	12.5
普修课+选项课	5	31.2

三、体育教学内容的发展现状

体育教学内容是达成体育教学目标的基础保障之一，因此，体育教学内容应当和当今社会的需求相符，有很大必要进行改革与优化。截至目前，我国很多学校在体育课程内容改革中对体育课程内容进行了拓展、优化和重组，使教学内容能够更好地满足体育课程目标实现的需求，更好地为体育教学目标的实现而服务，体育教学内容改革是体育教学改革的重点。在体育教学内容改革中，必须与体育课程内容的确立原则相符，即健身性与文化性相结合的原则、选择性与实效性相结合的原则、科学性与可接受性相结合的原则、民族性与世界性相结合的原则以及将教育部、国家体育总局制定的《学生体质健康标准》的要求充分反映和体现出来的原则。通过对我国学校的体育教学内容现状进行调查，能够看出学校体育教学内容是否能够反映现代体育教学改革的潮流与趋势。这里着重对体育教学内容的选取依据和选取情况的相关调查结果进行全面分析。

（一）选取根据

通过调查发现，86.7%的体育教师主要根据学校教学条件选择体育教学内容，这说明体育教师在选取体育教学内容时立足实际，以学校的现实发展情况为依据来进行选取，但如果学校缺乏场地器材的话，就会影响体育教学内容的选取，因此，应注意这方面的问题。

综合分析的调查结果发现（见表 2-4），根据学生的身心发展特点选取体育教学内容的体育教师有 59.2%。这说明很多体育教师都对学生的身心发展规律给予了高度的重视。根据学生的兴趣爱好选取体育教学内容的体育教师有 49.2%，这有利于学生个性的发挥和兴趣的发展。分别有 23.3%和

20.0%的体育教师依据学生的专业特点、结合地方特色选取体育教学内容，这表明体育教学内容和学生具体专业的结合未达到紧密性要求，未将学校特色凸显出来。

表2-4　体育教学内容选择依据调查（n=120）

选择依据	频　数	频率/%
根据学校的教学条件	104	86.7
根据学生的身心发展特点	71	59.2
根据学生的兴趣爱好	59	49.2
根据学生的专业特点	28	23.3
结合地方特色	24	20.0

学校，尤其是高校重点要对应用型和实用型技术人才进行培养，高校不同专业由于性质差异，对学生的体能、技能等提出了明显不同的要求，只有根据要求来培养人才，才能使学生在毕业后更好地从事职业工作。这就要求学校以各自的实际情况及专业特点为依据来开设体育课，如根据不同职业的身体活动特征及学生毕业后的工作走向来开设重点培养职业体能和预防职业病的体育课程，从而符合职业发展需要，满足不同专业学生的个性需求，从而真正实现体育与生活的统一。

（二）选取情况

调查发现，按照选取频数，学校对体育教学内容的选取从高到低的排列依次是篮球、武术、乒乓球、羽毛球和足球，其占比依次为：87.5%、67.5%、64.2%、56.7%、53.3%。（见图 2-1）。综合分析这个排序会发现，绝大部分体育教师会参照学生兴趣来选择和确定具体的体育教学内容，绝大多数学生对球类运动有浓厚兴趣。

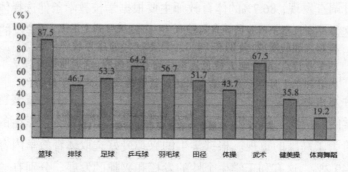

图2-1　学生对体育教学内容的选取情况

67.5%的体育教师选取武术作为体育教学内容。作为中国优秀传统健身体育运动，武术运动的教学既有利于促进体育教学活动因地制宜地开展，又有利于弘扬和传承优秀民族传统体育文化。开设武术教学的学校中，太极拳这一项目开展得较为普遍，很多学校都力争将太极拳发展成为本校的特色体育项目。

女生对健美操和体育舞蹈比较喜爱，但在体育教学内容选择中，选取这两个项目的教师只占35.8%和19.2%，这主要是因为教师考虑到学校体育场馆有限，不能充分满足教学要求，所以，不便开展。此外，这方面的专业体育教师比较缺乏也是制约这两个项目难以开展的主要因素。选择定向运动、攀岩等拓展项目作为体育教学内容的学校较少。

从整体来说，球类运动、武术运动、田径运动以及体操运动是我国现阶段体育教学的常见内容，但这些体育教学内容的特色不鲜明，未充分彰显出专业设置的自主性特点，结合学生学习特征和职业技能特征来设计和开发教学内容的学校很少。学校构建体育课程体系，必须要适应现阶段社会的需要和体育教育改革发展的要求，从实际情况出发来选择教学内容，强调知识教育、素质教育，促进学生体能、学习能力的提高，促进学生对体育锻炼技能的掌握和终身体育行为习惯的养成。

四、体育教学方法的发展现状

体育教学方法要满足多样化、个性化的要求，要有利于师生之间、生生之间的多边互动，能够使学生有兴趣参与体育学习，并能够发挥学生的创造性。体育教学方法的发展不仅要将教法改革重视起来，还要注重向学生传授学习和练习方法，提高学生的自学能力，使其养成良好的独立锻炼习惯。

调查结果显示（见图2-2），绝大多数体育教师在体育教学中经常运用的教学方法是合作性教学法、传习式教学法、自主性教学法和探究式教学法。具体来说，采用传习式教学法进行教学的教师有69.2%，这说明大部分体育教师观念还比较落后，所以采用的方法也较为陈旧单一。这种教学方法对学生发挥个人自主性和创造性是不利的。在体育教学中使用合作性教学法和自主性教学法的体育教师分别有28.3%和22.5%，采用探究式教学法的体育教师仅有11.7%。

分析调查结果会发现，当前我国体育教师主要应用传习式教学方法，使用新型教学方法的体育教师较少，所以说，体育教师有必要积极更新教学观念，设计出和学生特点以及自身条件相符的新型教学方法，并且将这些教学方法应用于体育教学中，从而高效实现体育教学目标。

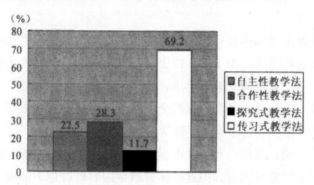

图2-2　体育教学方法的运用情况

五、体育教学评价的发展现状

在体育教学中，教学评价不可或缺，通过开展这一环节的工作，可以反馈体育教学的情况，鉴定体育教学质量，并有针对性地进行调控与完善。体育教学评价工作的开展能够促进学生学习积极性和教师教学积极性的提高。

调查结果显示（见表 2-5），我国体育教师在评价学生学习情况时倾向于选用教师评定、学生互评和学生自评三种方法。具体来说，选择第一种评价方式的体育教师有 75.8%，这一评价方式有利于教师充分掌握学生的学习情况，发现学生的不足，从而更好地指导学生的学习。选择第二种评价方式的体育教师有 40.8%，学生之间相互评价对方的学习，能够相互发现对方的不足，相互鼓励，从而共同进步。此外，该评价方式有利于促进学生观察能力和评价能力的提高，促进学生之间良好人际关系的建立，促进学生团队意识的树立与强化。选择第三种评价方式的体育教师有 56.7%，这说明教师对学生的自我评价比较重视，希望学生在自练自评的过程中能够客观认识自己的不足。

分析调查结果可知，当前体育教学评价已经突破了单一化的模式，并由此呈现出了多元化趋势。这无疑会对体育教学评价功能的发挥产生积极作用。

表2-5　体育教学评价方法调查（n=120）

评价方法	频　数	频率/%
学生互评	49	40.8
学生自评	68	56.7
教师评定	91	75.8

第三章 现代教育信息技术与体育教学的融合

当前，世界各国都在大力推进信息技术在教学过程中的广泛应用。研究如何充分利用信息技术提高教学质量和效果，如何加强信息技术的应用，已成为各国教学改革的重要方向。可以说，以电脑化、网络化、教学化为重要内容的"信息化"不仅是知识经济到来的标志，也将是知识经济时代教育的主要标志。离开了教育信息化，教育创新将失去载体；没有这种载体的所谓"创新"，也不能适应知识经济时代对教育的要求。体育教育作为教育的一个重要组成部分，是以一门学科而存在，也要适应知识经济时代的要求。

第一节 信息技术教育的基础内容和特点

一、数据技术教育的基本内涵

"教育信息化"一词最早在我国出现是在 20 世纪 90 年代，同时也广泛流通于国外，教育信息化的英文为 informationization。但是关于"教育信息化"准确的内涵目前没有比较全面、精确的阐述。

根据现代汉语语法，在名词或形容词之后可以加上后缀"化"字构成动词，使原来的词性和词意发生变化。"化"字加在名词之后也成为一个新动词，使原来名词的内涵、作用扩大化，以便在更大的范围或更多的部门得到功能性的表现，例如机械化、工业化、智能化、网络化、信息化等。从总体上看，"信息化"是建立在"信息"与"化"的结合上。信息是教育的涵盖范围、使用用途以及作用的广泛扩大，化就在更大的程度上将信息在更广阔的领域、更多的教育单位和更加广阔的范围内得到体现。同时，将定义延伸，信息技术中的技术就是将信息采集、研究、保存、转换、处理和使用等相关的方式方法，通过这些方式方法可以将信息更大范围地宣扬。也就是说，信息化和信息技术化都是在同一水平线上的，所以说信息技术能够更高层次、更广范围地得到使用和高效发展。

通过以上论述，把教育和信息化两个词语连接起来，就是所谓的教育信息化。它可以这样解释："信息与采用存储利用信息的技术在教育部门教学领域的使用和宣传。"

二、教育信息化的教育特征

2012 年，全国教育信息化报告会在北京举行，在会上教育部正式提出要全面实施"三通两平台"建设和"两项重点工作"。具体的"三通"为"宽带网络校校通""每个班级都具有上等质量的教学资源，即班班通"和"每个人都可以自如地使用网络进行学习，做到网络空间的学习利用人人通"；"两平台"为"教育管理信息系统平台"和"数字化教育资源公共服务平台"。前文提到的两项重点工作主要是指将教学的条件提升优化，达到教学地点的教学资源信息化、网络数据化，另外还要将教师应用信息技术的能力得到提升优化，让每个教师都可以通过高强度的培训来提高教师的信息应用的能力。教育部通过对"三通两平台"的全面推行，进一步落实了教育信息化所追求的"三效"目标。

教育信息化的全面转变——也就是说将信息化大环境下的教学理念、教学方法和教学方向进行整体转变，同时也将教学课堂的模式进行彻底转变，要做到以下几点：

（1）转变教学理念。改变"以教师为中心"的教育思想。现阶段的教学发展趋势要求：在教学过程中，全面发挥教师主导作用；在学习过程中，更要强调学生的主体地位，最终形成"主导—主体相结合"的新型教育理念。

（2）转变教学观念。转变"传递—接受"的教学观念。当下的教学活动的主要关键点在于具有价值的运输知识和领悟知识，侧重点在于师父领进门、修行在个人的本质。因此，新型教学观念，即"有意义传递主导下探究相结合"。

（3）转变教学方式。转变以"口授—板书—演示"为主的教学方式。当下的教学方式是"启迪、诱导和点拨"，其目的是更好地关注学生。

（4）转变学习方式。转变"耳听—手记—练习"的学习方式，从被动接受转变为主动探究的"自主—合作—探究"的新型学习方式。

（5）转变课堂教学结构。新型的课堂教学结构，要教师在教学过程中发挥主导作用，还要老师的引导和学生的认知探索相互结合联系，反映出学生通过老师的讲解传授慢慢地、仔细地进行深刻领悟的最终目的。

三、教育信息化与教育技术

（一）教育技术的概念

在 1970 年的时候，美国教育技术委员会在一份报告中给出了教育技术的大体定义，即"教育技术具有一定的发展方向和目的，在对人类不断地请教和宣传探讨的基础上，通过对劳动力和精神层次的连接，达到教学目的更好的实现。这种教育技术是一种更加系统的全面的方法，可以通过它对教学结果和教学过程进行评价、考量、规划并实践。"

1994 年，关于教育技术的 AECT 定义又有了新的更加正式专业的定义：教育技术是对教学资源和学习经过的规划、拓展、使用、规范和考量的理念和实际应用（"94 定义"）。

这也就是说，教育技术主要是围绕着教学技术的前后范围来研究，但是不单独应用于教育领域，还应用于其他领域，比如企业训练领域。同时，教育技术的应用也从之前的单一技术，扩张到了现在的多方技术，比如软技术，也就是技术方面的方式方法和理论理念方面（如舆论网络媒体方面）。媒体在现代教育技术中的作用举足轻重，想要学习和教学还是需要利用媒体来进行。利用媒体才能更好地进行教学技术的操作。这个定义的重新提出，将教育技术的研究载体转换成教学资源和过程的理论与实践的问题。这也间接说明了教学理念已经不单独注重于老师向学生传输知识，而是更加注重学生自主研究探讨学习内容的能力。一方面，学习过程就是利用背景、数据的相互连接，来学到老师的传授内容，获得知识和能力；另一方面，学习资源就是在得到知识和技能之前，所需要掌握的数据资料和环境背景。同时需要掌握的是，全新的和以往不同的教学理念要遵循以下两个条件：一是教师方面要给学生提供优质的数据资料和信息资料，还要提供给学生良好的学习环境；二是学生要通过老师的传授教导，主动吸收并深入探究所学内容。做到这些，才可以将教育事业与现代化发展同步，才能符合当今社会全方面学习、主动学习、共同学习、一直学习和自动学习的教育大格局。

教育技术的定义还没有完善，因此又在 2004 年 6 月，专门部门又对它进行了修订和完善，提出了新的方案定义，同时又规划在第二年进行最后的定义发布，所以学术界习惯称之为"05 定义"教育技术是通过对技术过程和教学资源的创立、利用和适当整理，来达到学习的更深度和绩效的更高度的探讨和更加合理规范的教学实践。

通过对以上两种定义的不断探索，教学方式方法的内涵和外延发生了一系列的变化。通过对定义本身的解读，可以看出：

（1）研究对象的变化。在"94 定义"中，教育技术的研究对象是学习过程和学习资源，而"05 定义"则聚焦于促进学习和改进绩效的技术性的教学经过历程和教学的信息数据资源。这个定义比起之前的定义的覆盖面窄。而且，教学和教育技术的转换，扩张了技术的范围，范围延伸到了整个社会的教育观念的大方向。

（2）对于教育技术目的的研究探讨的变化。在"05 定义"中，教育技术的目的主要有以下两个方面：

1）促进学习。这表明教育技术在发展过程中更加强调学生自主性。

2）改进绩效。这表明教育技术在发展过程中重视结果，同时说明技术不光可以支持学习，还可以支持工作。

（3）研究范畴的变化。在"05 定义"中，教育技术的研究范畴由"94 定义"的五个方面缩减为三个方面。

1）创建就是建造和延伸发展的联合，就是为了适应不断变化的学习环境而进行的探究类、理念类和实际应用类的活动。这种变化正好切合了不断创新的深远意义。

2）评价融入创造发展，利用实施、规范管理可以将评价正规合理化，可以将现代化管理学变成不断改进、多次改进、不停发展的理念。

3）注重技术能够进行实地使用，并且在使用过程中遵守道德规范。这一方面反映了技术的理性，更具有客观性、准确性。

（4）理论的不断转变。两个定义的侧重点不同，最开始的定义偏向理性和现代主义价值观，而后来的定义更注重构建主义认识论和后现代主义价值观。

（5）研究形态的变化。在研究形态上，"94 定义"界定为"理论"与"实践"，"05 定义"则界定为"研究"与合乎伦理道德的"实践"。首先，不再单纯注重理念，而是深度研究，就意味着除了利用理论之外，还需要对理论进行深度探索和长远构建。"研究"一词的使用，更加体现了教育技术的研究是一个动态的过程，是一个不断前行的过程。其次，"实践"这一研究形态，"05 定义"把教育技术的发展与伦理道德相结合，用伦理道德启发和规范教育技术实践。

（二）教育技术的本质特征

1. 作为操作性系统

总体来讲，技术是方法、规定和工具的统一，利用这些对自然进行改变，对生活进行改进改变和改造自身。也就是说，所有起到一定作用的操作性的体系都可以称为技术。

根据实施的对象不同，可以将技术系统分成软技术和硬技术两种。软技术系统的操作对象是社会人文要素，对应产生的成品就是非物质化的概念类制品或者是行为类制品，不是实物类的，就可以称为"软制品"。和软技术不同，硬技术系统的操作对象是真实存在的物体，自然产生的或者是人工产生的，所产生的结果是物质类的技术制品，称为"硬制品"。两个技术系统之间相互连接，相互帮助支持，谁都离不开谁。教育技术也不例外，是以软技术为主、硬技术为辅的技术系统。

从操作性方面来分析教育技术，就是利用相关的工具资源围绕着不断的设计发明的各种行为，产生目标结果的过程。或者可以说，利用已经拥有的成果资源，不断创造的行为活动。

2. 作为实践领域

教育技术是具有很强实践意义的应用学科，按行为主体进行不同的划分，面向专职工作者的教育技术和面向学习者的教育技术，而这里针对专职工作者的教育技术反应在教育技术专家的实践领域。

3. 面向教师的教育技术

为了促进我国中小学教师教育技术能力的发展，《中小学教师教育技术能力标准》（试行）颁布了，共分为三个相对独立的部分，每一部分都包括"意识与态度""知识与技能""应用与创新""社会责任"四方面的能力描述。

该标准是从能力结构角度来描述面向教师的教育技术。从实地考察、实地使用这点来看，教学工作者可以通过工作的主要内容来进行教育技术的实际应用，主要包括以下几方面：

（1）不断创造和使用不同的教学学习资源。任何事情的操作都需要利用一定的相关资料，相对应的教育的资料就是可以促进学习的资料。这种资源就是学习的人员可以与之发生关系，并且有着深刻意义的知识资源、设施资源、学习环境、教学内容和与学习相关的服务（由教学人员提供）。

一些资源被称为"设计的学习资源"，是专门为学习目的所设计的。还有一些资源被称为"利用的学习资源"，是为其他目的而设计，能为学习者所运用的。

（2）用系统方法设计和组织教学过程。推动教学的进展光利用学习资源也是不够的。不光要知道利用什么，还要知道怎么利用，如何有效地利用。也就因为这样，才会有更多的同仁将目标放在教育学的整个方面，大的方面进行细化，各个击破，全部掌握。比如教学媒体、各种教学资源共同组成了教学系统，只有合理利用，进行整体规划，才能有效地设计和组织教学过程。

教育技术中系统方法的运用必须要有计划地进行，然后进行创造改进，从而达到最终的教育目的，同时对于这个方法的应用也是一个不断完善修正、合理理性的过程。运用这个传统的方法，需要遵循一定的步骤，正确有效地使用。步骤分为：制订教育目标，对目标进行深入理解，制订达到目标的计划方法，规定方法的先后顺序，确立用什么媒体，确定使用何种教学材料，对教学方法和学习资源进行审核讨论，最后完善和修正教学资源和教学方法直到合理达标。这种有效性体现在效能（Efficacy）、效率（Efficiency）、效力（Effectiveness）、伦理（Ethicality）和优美（Elegance）五个方面，简称为"5E"。

（3）改善工作效率和完善自身。也就是说，老师不但要教育学生，还要不断进行自身学习，活到老学到老，才有资格教育他人。

教师这个职业是双向的，教育他人的同时不断充实自己。这种情况下，可以利用教育技术来改善教师的工作效率，在对各项教学资源进行创新、利用的同时也是对教师改进的过程，使用教育技术创造和构建教学的同时，也是提高和整改教师工作效率的过程。为此，教师需要掌握适用的技术工具，以便对技术资源按照教学的要求进行再设计，与专家、同事或其他相关人员进行合作与交流，对学生的学习过程进行有效的评价与管理。教育技术的有效合理利用，可以更加规范、合理性地改进提高教学工作者的工作效率。

需要强调的是，教学工作者需要做到教人教己，不断充实自己的知识能力，才能教育好他人，成为合格的教育工作者。为此，提供专业发展的资源、支持专业实践者共同建设、为实践反思提供工具和平台教育技术又成为教师自我发展的实践场。

（三）教育的电子化、技术化和信息化

"电化教育"一词产生在我国产生于的 20 世纪 30 年代。从《中国大百科全书》中可以查到关于电化教育的定义："通过电器化电子化的器械设备，如幻灯片、广播、电视等媒体和电子设备进行的教育活动。"传到国外以后，《国际教育词典》又将其定义为：利用收音机和电视之类进行的教育。从这里可以看出，电化教育的应用比较局限，只是单纯地依靠电能和电子传播媒体，是因为这个概念对其所关联的传播媒体的界限有明确的规定。

20 世纪 80 年代以来，我国开始采用国际通行的教育技术作为学科名称。教育技术和电化教育从本质上来讲是有相同之处的，因为两者的最终目的都是要让学习者学到知识能力，达到教育的最终目的。同时，二者教育的作用、特性和解决困难的方式方法也是差不多的。两者都是利用研发的成效来创造新的教学资源，与此同时，再利用全新的教学理念和教学方式方法来掌控全部的教学过程。

不过，从定义涉及的领域来讲，教育技术要比电化教育的范围广阔很

多。"94 定义"中就说明了教育技术指的是所有与教育相关的全部要素的学习资源。虽然电化教育涉及的都是研究得来的新的成果而全新发展起来的影像、声音等媒体教学方式。正是因为这样，教育系统必须采用规范的流程来解决困难。这个处理方式是遵循教育系统的大方面来入手，也就是教学和学习全部过程的系统规范的方法。在实际操作当中，这个方法可以适用于每一个教育阶段，甚至可以统筹教育的大方面问题，还可以解决开发课程中的各种问题和课堂教学过程中的各种问题。电化教育和教育技术比起来要狭窄一些，尽管使用的方法相似，但是电化教育更注重电子类的细微系统。不过有的时候，电化教育还是会涉及更广一些领域。但其主要是研究小系统的控制和变化效果的，当然更多的情况是以大中系统的其他因素作为不变的条件。

综上所述，电化教育从属于教育技术，是教育技术的一个分支，同时也是从教育技术衍化而来，而且电化教育更加侧重现代媒体的创造发展和使用。到了 20 世纪 90 年代末期，网络电子信息化的不断发展，我国教育领域不断出现了信息化教育的理念。我们认为，同电化教育概念一样，信息化教育也是教育技术的从属概念，代表教育技术发展的新阶段。

第二节　现代教育信息技术与体育课程的有效整合

一、现代教育信息技术与课程整合内涵

（一）网络技术与课程实践

课程实践是一个具有多重含义的术语。对于不同的人而言，在不同的情境里，课程的内涵和外延也是有比较大的差异的。事实上，对课程的不同定义都隐含着某种假设和价值取向，也隐含着某种意识形态以及对教育的某种理解和信念，从而一定程度上表明了这种课程最关注哪些方面。

1989 年，郭元祥先生和施良方先生就"关于课程问题的四十年学术争鸣"这一课题进行研究，收集了国内外关于课程的 50 多种定义，发现关于课程的定义，从广义到狭义、从词语本义到引申义、从要素到功能、从课

程设计者到实施者、从静态到动态、从过程到结果、从设计到评价，应有尽有。这些众多的定义还是可以归为两大类：其一是日常话语的课程概念；其二是学术话语的课程概念。作为日常话语的课程概念，也就是人们在日常生活中对课程的具有经验主义特征的理解；作为学术话语的课程概念，严格来说，也是来自生活经验，不过它对课程有更为广泛而深刻的理性思考和界定。日常话语形态的解释和学术话语形态的解释在一定条件下是可以相互转化的。

什么是课程？日常话语的课程概念是指"学问和学科"，而通常又以"学科"的理解为主，比如语文课程、数学课程等。它可以指"一门学科"，也可以指"学科的总和"。这种对于课程的理解最接近经验世界。因此，这种理解对教育实践影响也最大。由于它和我们的直观理解很接近，因而也最容易被接受。但是这一日常话语概念的理解并不能准确说明"课程"，因此有必要在此讨论在"新课程改革"中的一系列教育观念的转变，以统一认识。理解课程并不是一个独立的事件，必须考虑整个教育全局的要求。正确认识和处理信息技术与课程的整合，必须树立全新的教育观念。我们将课程中所包含的要素逐一进行分析，以求全面把握课程的含义。

1. 课程即经验

除了将课程理解为"学科"以外，还有诸如"课程即书面的教学计划""课程即预期的学习结果或最终定义""实践就是经验""实践是被指导的定向活动""课程即文化再生产"等各种理解形式。这些理解形式并不相互排斥，它们从不同的独立视角揭示了课程的本质。

在此，我们将课程理解为"有指导的学习经验"。正如美国学者泰勒认为，唯有学习经验，才是学生实际认识到的或意识到的课程。其中"有指导"包含了"有计划的一样、有意图"的意思，即充分肯定了教师及教育机构的教育意志。我国著名教育学家陶行知先生就认为：我们在生活中接受的一切，都会让我们受到警示，而且我们会在接受与启示中不断地发展、不断打造自己。就像许多大家所认可的，生活是学校，我们在接受各种教育的教育思想理念，正是一种"课程即经验"的体现。很显然，"经验的获取和积累"是理解新课程观念的核心。

2. 素材是模板

素材是模板就是学生把素材看作是认识事情的基础，引导我们走向想要的生活。我们会效仿这些素材，为的是形成自己规范的人格。这些素材可能不是所有学生都需要，或者是需要所有，但它们确实让我们认清了事情，能够理性地对比分析事情的表面，并对其深层次的意义进行挖掘，所以素材就是模板。

3. 教师即研究者

教师不再只是在实践过程中起传递者的作用，也会变成主动的调适者、情况分析者和补充者、实践者，对自己应该有更高层次的定位和要求。教师不再只是一个真理的宣传者，而是一个学生学习的促进者、帮助者，是真理的追求者和探索者。在全新的教育观念下应当要树立一个积极的、能动的教师形象。

4. 学生是知识的建构者

学生是课程整合过程的主体，对整个学习过程有着自主、自控的权利和责任，在新的教育观念的指导下，学生的角色随之也发生了很大的变化。具体来说，学生由原来的问题回答者变为问题的质疑者，由原来的被动听课者变为学习的参与者，由原来的解题者变为出题者等。总之，学生不再是被动地接受知识，而是主动地进行知识的构建。因此要实现教育理念从"以教师为中心"向"以学生为中心"的转变，关键在于发展学生的能力，应当努力做到以下几点：

（1）理解学生，不误解学生。教育者必须准确掌握受教育对象的知识结构，理解并接纳他们的现状，包括他们的能力特点、学习习惯、情感态度、价值观等。唯有全方面地了解教育对象，才能进行因材施教。

（2）尊重学生，不轻视学生。个体差异是永远存在的，不同地域、民族、性别的受教育者在学习能力和学习效果、道德修养和综合素质等方面都可能存在差异，教育者既要全面发展学生的综合素养还要关注每个人的个体差异。虽然这些人为因素很难控制，但是教育者必须从学生的角度出发，尊重并给予其前进的鼓励。

（3）服务学生，不利用学生。教育要以学生为本，要为学生的"学"

服务，而教师是学生"学"的过程中的指导者、服务者、支持者以及帮助者，教师不能为了满足自身的需要，而让学生达到某种目标。

（4）启迪学生，不蒙蔽学生。处于中心位置的学生并不是十全十美的，大多数情况下需要通过教育启发使其加强个人全方位的能力。当然在这个过程中教师应注意启迪熏陶的方式，不能采取训斥、强制等过激手段。教育者要在点滴中影响、熏陶和启发学生，使学生逐渐感悟、反省并形成正确的价值观。

（5）激励学生，不压抑学生。以学生为中心的教育模式的根本目的是促使学生扬长补短、各得其所。教育者要充分开发学习者的潜能，不能以固有的评价模式和评价标准去衡量学习者的学习效果及个体能力，并力求建立和谐而又独特的师生关系，推动教育教学改革深入发展。

（二）信息技术与课程整合的目标与意义

1. 形成自我主动的态度

终身教育是现今流行的一种教育思潮，其思想渊源可以追溯到古代。20世纪60年代的法国人郎格朗认为终身教育是与有限的学校教育相对的。它贯穿于一个人生命的整个过程，影响着学习者生活的各个方面，是全面性和连续性的统一。联合国21世纪教育委员会将其描述为："与生命有共同外延并已扩展到社会各方面的连续性教育。"

一直学习、一生实践，就是要每个学生能按照自己的现有形式和自身的需求，形成自己连续的计划，进行主动约束，给自己鼓励，用所有的方式抵达自己的想法。

2. 形成学习者良好的信息触觉

从大的方面来说，信息感觉要有信息挖掘的想法、要有获得的能力、一定的道德以及扶持能力的知识四方面的素质。狭义的信息素养通常指信息能力。信息技术与课程整合就是要培养学习者这些方面的素养，其中信息知识是指学习者要熟悉与信息技术相关的常用术语和符号、了解与信息技术相关的文化及其背景、熟知与信息获取和使用有关的法律和规范；信息能力是核心，要求学习者有对信息进行挑选、获取、分析、加工、创造、传递、利用、评价和系统安全防范的能力；信息意识是要培养学习者对客观事物具有价值信息的觉察、认识和力图加以利用的强烈愿望，要有信息抢先意识、信息忧患意识；信息道德的主要内容是要求学习者诚实守信、实事求是，在信息传递、交流、开发利用等方面服务社会群众、奉献社会，并且要努力促使学习者自觉遵守一定的信息伦理道德标准来规范自身的信息行为与活动。

3. 形成实践方法

在高端网络技术的参与下，在现有学习环境中，实践者的实践方式都发生了改变。实践者最主要的是利用信息化平台以及数字化资源获取知识，而不再是单纯依赖于教师的讲授和对课本的学习。实践的主体——园丁，要与实践的参与客体相互合作、相互配合、分享素材、扩宽思路，在研究、发现、改变、展示中进行实践。学习终端不再是单一纸质资料，还有更丰富多样的电子终端，例如阅读笔、图形计算器、表决器、手机、平板电脑以及各种体验式的学习终端。这些功能强大的学习终端对当今时代的实践者的学习具有重要意义。将用高端网络与实践融合，能让学生接触到最极致的实践方法。

二、现代教育信息技术与课程空间要素的整合

课程的空间要素包括课程的编制者、学习者、课程内容和环境四个方面。下面将对课程空间各要素进行分别探讨。

（一）关于课程编制者

课程编制者主要指对课程进行编排、组织，并能够形成一定的方案或计划等的有联系的参与者。可能是有联系的实践相关的政府官员、实践的专家、教育技术专家，也可能是实践学校的相关领导以及课程具体实施人员（即教师）。在这一空间要素上基于课程编制者的整合，主要是采用一定的训练或相关的探索形式，使实践编制者们学习与实践有关的基本知识、基本理论，掌握现代信息技术，具备一定的实践素质和信息元素，并在此具体情况之上形成开展高端网络技术和实践结合的低层技能，使现有的信息实践的采用能力提高，开发出符合时代需要、满足学生发展需求的信息

化课程。同时在课程研制开发的过程中，课程编制者也要充分利用信息技术，收集、加工、处理、整合各种信息。在编制文字教材的同时，综合利用现代信息技术，设计、开发与教材同步配套的教学软件。

（二）关于课程学习者

课程学习者主要是指学生，是学习课程的人。从学习者的角度来说，在这一要素上的信息技术与课程整合就是要利用信息技术营造一种师生之间相互平等、相互尊重、共享自由的关系和氛围。需要指出的是，学习者实质上也是课程研制者的一个有机组成部分，但在传统课程的研制过程中往往都忽视了学生研制者，所以这方面的整合策略还需要组织建立相关的制度，确定相关实践者的从业地位，形成课程实践者的整体结合的意识、行动能力、获得能力，让他们一同参与高端网络与实践整体结合的设计。在课程的学习过程中以及在参与课程研制的过程中，学会利用信息技术获取信息，处理加工信息，构建自己的知识体系，学会利用信息技术与学科专家、教师、家长、学习伙伴等进行交流，同时还要不断地培养自己的信息道德素养，在整合实践中得到提高和发展。

（三）关于课程内容

课程内容是指各门学科中特定的事实、观点、原理和问题，以及处理的方式。它是学习的对象，源于社会文化，并随着社会文化的发展而不断更新变化。基于课程内容的整合，主要策略有以下 3 个方面：①要将信息技术作为课程内容，并且要确立和加强其在学习中的地位；②其他课程内容，并且适宜用信息技术作为其载体的，要充分利用信息技术来加以传播；③信息技术并非万能技术，还需要为可能用网络用语、符号等无法表示的部分保有必要的转换空间。

（四）关于环境

课程要素中所提到的环境，是指影响人的学习、生命存在及其活动的各种文化因素的总和。它包括了对人的学习具有影响作用的各种空间内的各种相关要素，同时也包括了时间进程中的有联系要素。从外部空间整体来看，情景是很特殊的实际存在的环境，有校园环境和社区环境。校园环境具体来说包括教室环境（如实验室、教学场地等）和宿舍环境。社区环境包括家庭环境。通常提到的实践空间，如果从人的学习生命存在及其活动功能实现与现存状态的角度来看，其内容就更加丰富，包括生理、心理、物质、交往和活动等。

（五）关于以人的学习为本的课程空间结构

1. 网络手段与实践整体区域结合

扩展网络技术和运用好整体实践要素的关系，可以通过以下三种方式来实现：一是"学习信息技术"，把高端的网络技术作为模仿的榜样，主要包括对网络技术课程内容的学习、对高端网络技术基本技能的掌握，以及信息技术对社会的影响和作用的了解。二是"用信息技术来进行学习"，使信息技术成为教师、学生进行教与学活动的工具。三是"在信息技术中学习"，基于信息技术的教育文化环境开发。这种环境包括物理环境、资源环境、社会性环境三个方面。

2. 网络技术与整体实践时间的元素结合

网络手段与课程整合不仅存在于空间维度上，更是参与课程研制的整个过程。从理念、目标到内容、评价均有所涉及。

在时间的维度上，课程是一个动态的过程。将实践过程归纳为：形成实践理念—确定目标—择取内容—组织内容—学习经验—学习活动—开展课程评价等 7 个环节。

这 7 个环节在整个教学过程中扮演着不可代替的作用。就像各个组成部分一样，为了达到预期的计划效果，必须有效地合作，不过分强调其中某一个环节，但也要确定每个组成环节对所要到达的目标做出的贡献，以及它们之间的相互关系。7 个环节层层递进，下面将对每一个环节作简要介绍。

（1）形成信息化课程理念。要实现信息技术与课程时间要素的整合，首先就要求在具体实施整合之前，课程研制者要形成一种信息化课程理念。课程理念指导着课程研制者的实践活动。这一步很重要，直接关系着下面要素整合的成败。高端网络技术实践理念也就是形成网络实践的哲学，包括两方面，一个是一般的，另一个是个性化的。网络技术实践理念有社会、个人、知识和自然等要素，其中网络技术文化艺术、心理学艺术、网络技术以及生态主义艺术是主要来源。

（2）网络技术实践目标。它的基础是现有教育的目标分支，突出信息文化发展需要而形成的，对学习者通过课程学习后应该表现未来的可见行为的具体的、明确的表述，是一系列可参照执行的基本标准。因此我们不仅要大力投入组建教育实践项目分支体系，还要在运用原有的教育实践目标要素，结合信息技术的特点、结合实践的实际，研发更新网络技术实践目标。

（3）择取网络化内容。择取网络化内容主要是指在选择一般文化内容的基础上，还要选择文化发展方向的信息技术的精华，从容地把二者紧密地结合在一起，重点突出信息技术与一般文化内容之间关联性的内容，拓展学生学习内容的范围，改变传统课程中内容单一、固化、相互分离的现象。

（4）构建信息化课程结构。课程结构是指课程各部分之间的排列组合。高端网络技术包括表面结构和内在结构。在表面层面，网络技术实践是认识学生学习的根本技术，是想把我们的网络技术实践结构从原来的单科发展到整科领域结构。这也是世界范围实践改革中重新组合的新趋势。在内在层面，需要每个单科领域贯穿网络文化的内容。

（5）把经验变为现实。在我国的网络技术实践中，缺乏把内在的、好的技术变为经验。经验是在不断做、不断错、不断改中沉淀下来的。网络技术与实践的整体结合是要让学生在课程中了解到深层次的意义，并不是一味地重复、机械地做事情。在以往的实践中，"内容"化为与学习者分离的特殊文化，教育被异化为从外部将"内容"灌输给学生的过程。为解决这一问题，就需要形成一种把内在变经验的套路，运用实践组成新方式，把经验变为现实。

（6）创新信息化课程实施活动样式。课程实施是指把新的课程计划付诸实践的过程，其研究关注的重点是课程计划实施过程中实际发生的情况，以及课程实施的各种影响因素。信息化课程实施活动则是指在信息化课程实施过程中开展的各种教学或学习活动，如教学、自学、管理以及其他各种活动。目前在学校教育中运用的多种课程，如探讨研究、组织活动、发现选择以及合作学习等。多样性的实施活动能促进学习经验的更好转化。

（7）发展信息化课程评价技术和方法。课程评价是指研究课程价值的过程，是由判断课程在促进学生学习方面的价值活动构成的。这一环节不仅仅是七个环节的结束，同时又是实践要素整合过程的新开端。它对其他环节起到了修正改进的作用，通过评价不断修正前面的环节，使整个系统更适合于结合发展。

三、现代教育信息技术与课程整合的形态

（一）网络技术作为学习内容

"学习信息技术"就是将信息技术作为一个专门的学科开设，旨在让人们掌握赖以生存的重要工具——信息技术。

高端网络技术实践的主要目的，是扩展学生的网络资源、扩展信息要素，把网络技术当作研究的榜样，使学生有效地学到高端网络技术的基础知识、学习网络技术的基础技能、原始工具的使用并掌握一定的网络技术。但同时，高端网络技术实践的运用并不是仅仅为了学习网络技术本身，更重要的是要让每个学生形成自己的个性，会运用网络手段促成多方的交流、合作，打开眼界，提高判断水平，做好一生学习的准备。根据信息技术新课标（课程标准），信息技术作为学科科目、作为学生学习的对象包含三个方面的内容：知识与技能、途径与方法、个体态度与价值观。

（二）信息技术作为学习环境

"在信息技术中学习"就是在信息技术构筑的环境中学习。在这种模式下，信息技术扮演了一个环境角色。这个环境包括了提供的物理环境、资源环境和社会性环境。这种模式一般融入前两种模式中，不单独发挥作用。

1. 提供物理环境

信息技术提供物理环境，主要是指由各种信息技术、信息传播媒体及运作软件组成的物理环境，如设备、媒体等物质性环境。目前越来越多的中小学在加紧建设计算机室、多媒体综合电教室、电子阅览室、多媒体语音室等，配置数字幻灯机、投影仪、实物展示平台等，信息技术物理环境的建设已初具规模。

随着信息技术本身的发展，这些原本独立的环境逐渐相互融合，形成

了目前中小学中应用最为普遍和广泛的"多媒体网络教室"。一般来说，多媒体网络教室包括虚拟网络教室、电子阅览室和多媒体语音室，其主要功能包括教学示范、广播教学、屏幕监视、资源共享、个别辅导、协作讨论、远程管理等。多媒体网络教室是由实践客体机、实践主体机以及汇总支持器构成。实践客体机和实践主体机联系起来构成大平台的教学网络，而大平台的媒体影音多通过转换影音设备与实践客体机相连，由主体自己把握。教学网络平台由数据汇总支持器转换到中心处理服务器完成，再把打印设备、扫描设备、投影设备的外置设备连接到中心处理服务器上，接受平台媒体影音教学网的控制和支配。中心处理服务器能和校园网的多媒体教学网连接，进行信息交流。

2. 提供资源环境

信息技术提供资源环境主要是指利用信息技术提供丰富的教学材料和资源，是以提供教学信息服务为主的系统。该系统的特点：一是拥有大量的信息资源，二是提供自由的访问。这些材料和资源是为教学目的而设计的，但有些资源并非为教育而设计，但因其具有教育利用价值而被用作为教学资源环境，如电子化图书馆。

利用信息技术构筑的资源环境，具有三个方面的性质：选择性、劣构性和开放性①。随着信息技术教育环境在中小学的不断完善，各种教学和学习资源也逐渐积累起来。在信息技术环境下，特别是在计算机和网络环境下的电子化实践需要的素材，有网络书刊、数据集合、电子百科、教育网站、电子论坛、虚拟软件库等。

3. 提供社会性环境

信息技术提供社会性环境，主要是指利用信息技术，特别是计算机和网络通信技术，可以为学习者之间、师生之间、师生家长之间创造和提供一个相互交流、相互学习的平台。

这种社会性的环境中既有真实的人人之间的交互行为，也有人与虚拟

---

① 所谓选择性是指资源环境作为一类学习支持系统，其中拥有丰富的信息资源，可供学习者随意选择；所谓劣构性是指资源环境中的对象之间存在较弱的结构关系，不同于教科书那样，内容经过精心编排；所谓开放性是指学习者、适用时间、使用目标等方面都带有很大自由度。

的学伴之间的交互行为。例如虚拟学伴主要是利用计算机来模拟教师和同级学生的行为，从而形成一个虚拟的社会学习系统。随着信息技术的不断发展，现今还可以利用网上群体虚拟现实工具 MUD/MOO（Multiple Users Dimension/Multiple Object Oriented）支持异步式学习交流，以这种形式来创建虚拟学社。这样一个平台、一个模拟空间，会给我们提供很多向外界传递的工具，有电子邮件、Word 文档、电子期刊等，都会不同程度地联系学生同伴之间、小组之间，甚至是班级之间的各种学习活动和校园文化。利用信息技术来提供这种社会性环境的实例除了上面提到的虚拟形式外还有很多，如统一合作的实验场所、模拟的实践场所。统一合作的场所把现实的实验情景与模拟的实践合成在一起，是用高端的网络手段解决现实的问题。统一的实验场所把实践者分成很多个部分，所有实践小组都会组成一个小型社会。在整个过程中，只有组织者、领导者能够获取最大的资源，其他成员只是向组长表述想法和观察实验过程和结果。而且，每个部分的每名参与者都会有自己负责的方面，主体在整个过程中对每名参与者的表现、成果进行把控。模拟场所是指用高端的网络技术建造的实践区域，使不在同一处的组织者与参与者都能够及时了解所有的情况。还可以用网络边界的通信功能，做到正常实践场所能做到的活动，还能不同步教学。

四、现代信息技术与体育课程整合的案例分析

（一）现代信息技术与高校体育课程整合的内涵

信息时代的高速发展赋予了高校体育教育发展的契机和挑战，这种形式下的高校体育教学内容无论是教学组织形式或者教学方法都将受到信息化的影响。在现代高校体育教学中，信息化浪潮可以帮助体育教师在体育教学模式上进行多元化的补充，可以说高校体育教学正在经历着一场信息化革命。而信息化革命的结果是高校体育教学体系中实现了不同知识体系、教学资源、教研资源以及课程资源的完美结合与补充。在信息化体育教学中，学生将会更加直观地感受到体育教学带给自己的体验以及帮助。这是信息化体育教学所具有的独特魅力。随着信息化体育教学的普及与发展，传统的语言教学以及单一的训练式教学将被新兴的教学方法和教学体系所取代。信息化教学增加了学生的体验感以及直观感，在体验式教学中更加

具有主观能动性，丰富的体育教学内容增加了学生的学习兴趣，同时弥补了教师在教研方法上的空白，也在一定程度上提高了教师的教学效率和教学成果。在信息化体育教学中，学生被赋予学习主体的身份，在教学方法上也由传统的言传身教转变为引导学生积极探索，同时老师也由传统教学中的教科书式教学转变为研究内在本质的教学。这无疑提高了学生学习的创造力，也同时提高了教师教学的能动性。信息化体育教学丰富了高校体育教学内容，多元化的教学资源使得教学在教学内容的选择上更加游刃有余，体育教学课堂也变得丰富多彩。同时学生在体育学习中更加能够找到自己所喜爱的教学内容。这种创新性的教学方法无疑更加受到学生们的喜爱和追捧。

信息化体育教学需要将现代信息技术与高校体育课程相结合，并且将现代信息技术融入高校体育课程各个方面，如体育课程选排、体育成绩录入与查询、学生教师共享交流平台以及教师评选等。而网络化的教学改革不仅提高了教学效率，同时降低了人耗和教研成本，高校体育教学的高效运转离不开科学的课程管理以及现代化的信息交互。

信息技术与体育课程有效整合是体育课程教学的理想模式，是现代高校体育课程教学努力的方向。当然，要做好有效整合，还受到诸多方面因素的制约。

（二）现代信息技术与高校体育课程整合的现状

在高校体育课程信息化改革中，笔者通过走访和调查得出以下几个结论：首先，对于学校而言，其本身对信息化教育改革以及信息技术持欢迎的态度，并且能够充分配合改革，越来越多的校园网络建设以及教务信息化可以证明。同时在教学楼建设以及图书馆建设中也越来越多地融入数字化教学技术。但是值得注意的是由于各个高校在教学规模以及师资力量上存在着差距，所以数字化教学改革成果依然存在着不同的差异。其次，由于我国高校体育教学数字化改革发展较晚，同时信息化开发也比较晚，这就导致了我国高校体育教学数字化改革中缺乏大量的数据基础，突出表现为多媒体教学设备以及计算机设备不足以满足当前的量化需要。最后，根据目前我国高校体育教学数字化改革的成效来看，依然存在很多的不足，突出表现为两点：其一，传统教学方法已经成熟，教师在接受新鲜教学方法上稍有欠缺；其二由于体育教学的教学内容不同，在数字化教学中需要投入大量的资金用于基础设备建设。这对于一些经济基础薄弱的高校而言显然是一个沉重的负担，所以导致了一些高校在数字化改革方面力不从心。

1. 现代信息技术应用于高等教育的总体现状

计算机网络技术以及多媒体网络教学技术是笔者探讨信息技术应用于高校教学的重点课题和核心内容。同时想要完整的探究信息技术在体育教学中的应用成效，就要充分研究信息技术在学校教育中的结合情况以及改革成效。

从对高校教学系统中信息技术应用的数据分析来看，大多数高校在学校信息化改革中将主要精力放在了学校办公、课程管理以及图书馆阅览服务中。这几个模块在高校网站以及信息化办公系统中较为常见，但是只有少量学校具备先进的信息系统以及丰富内容的存量系统。

随着高校教学信息化改革的深化，信息技术被广泛应用于课程教学中，同时得益于信息技术的先进优势，许多教师也积极将信息技术用于教学内容。但是相对于一些像体育课以及电工实训课等注重实践的课程中依然缺乏相应的信息技术教学方法。

随着信息技术的普及，越来越多的高校将信息技术改革作为高校提升品牌影响力的手段和方法，为此一些高校在数字信息化建设中不惜投入大量资金来健全网络系统的建设和优化。

2. 当前体育教学方法运用现状

体育教学有其自身的特点。它是在体育教师和学生的共同参与下，运用适当的方法，指导学生掌握体育知识、基本运动技术和技能，增强学生体质，培养学生的体育能力和良好思想品德的一种有目的、有计划的教育过程。目前体育教学的绝大部分课程还在沿袭传统的教学模式。其中，体育课教学特别是基础体育教育可分为：理论学习和技术学习。理论学习的教学还是以教师讲授为主。理论教学以教师为中心，只强调教师的"教"而忽视学生的"学"，全部教学设计理论都是围绕如何"教"而展开，很少涉及学生如何"学"的问题。在按这样的理论设计的课堂教学中，学生参与教学活动的机会少，学生大部分时间处于被动接受状态，其主动性、积极性很难发挥。技术动作的教学总是形象化教学，但教师受到身体素质和环境等客观条件制约，教学时很多技术动作难于做到标准示范，使学生难以根据教师讲解示范建立正确动作概念。体育教材中有很多腾空、高速运动、翻转的技术动作。学生很难把这些瞬间完成的动作看清楚，也就很难快速建立一个完整的动作表象。这时教师只能反复示范、重复讲解，最终的结果是影响了教学进程。而且，过多的讲解和示范还容易让学生产生错误认识。由此可见，过于单一、传统的体育教学方法无法满足学生的需要和教学目标的实现。只有采用先进的、多元化的教学手段和方法，才能提高课堂教学效果。

3. 体育教学部门拥有的信息技术资源现状

信息化教育离不开硬件资源的支持，比如计算机、多媒体显示器以及数据网络等，充足的设备是信息技术与体育教学资源整合的基础，但是通过研究者对于高校硬件资源的调查数据来看，各高校的硬件资源投入差异化比较明显。有些高校的体育教师如果想要利用网络获取教学资源，只能回到家中或者其他场所去获取。这极大地阻碍了体育教学信息化的改革进程。相较于其他学科，体育教学部门的信息技术投入则显得非常低迷。

高校体育教学内容的信息技术改革不光需要有良好的硬件设施作为支撑，同时需要有一定的软件实力作为资源的补充。软件实力指的是在体育教学中所需要用到的网络支持以及网络课件资源等，现代信息技术应用于教学中的核心内容是网络资源。但是从当今的教学改革中我们看到，这种网络资源在各个学科中的占有比例非常不均匀，并且缺乏一些相对较优质的信息资源。对于体育教学而言，这种情况更加严重。造成这种现状的原因总结起来主要有以下几种：①学校没有足够的经济实力去建设或者组建相对健全而专业的资源网站；②相较于其他学科而言，体育教学有其自身的教学特点，在教学内容上更加注重因人而异的教学理念，所以在教学资源的优选和甄别上存在比较大的困难，并且在体育资源的选择和补充上还要注重每个学生身体素质的差异化以及兴趣爱好，这无疑使得体育资源的获取又增加了困难。③我们目前还没有比较专业而健全的体育教学网站也是形成这种现状的另一个客观因素。现有的体育教学资源获取渠道最多的是在互联网上，但是看似丰富的教学资源背后却没有固定的教学体系，内容繁多且杂乱，很难从中找到适合自己的教学资源，同时还需要耗费人力以及时间成本从庞大的信息库中筛选。同时随着多元化教学方法的普及，现有的网络教学资源已经不能满足学生的需求，现代体育教学的信息化技术应用则非常有必要建设专业的体育教学资源网络。

4. 体育师资队伍信息技术素养的现状

教师在高校体育课程信息技术改革中居于主要的引导地位。这就意味着高校体育课程与信息技术相结合的关键因素是教师所需要具备的信息素养。这就要求教师自身首先要掌握先进的数字化教育观念，并且身体力行学习新鲜事物，努力将先进的教学理念以及信息化理论充实到教学内容。正所谓打铁还需自身硬。

但是相较于目前的改革现状来看，一些高校教师对于信息技术的掌握程度还不尽如人意，缺乏最基础的信息化教育意识，没有从实处将信息技术与教学方法相结合，也没有从信息化角度改变已有的教学模式。导致这种现象出现的原因是传统的教学观念已经在教师的脑海中根深蒂固，先入为主的教学方法很难使教师针对教学方法进行创新和总结。同时有一部分体育教师认为体育运动以实践为主，在潜意识里认为信息化教育不适用于体育教学中。正是这种误导性的思维方式阻碍了高校体育信息化改革的进程。

（三）实现信息技术与体育课程有效整合的对策与措施

1. 加强教师业务培训，提升教师信息技术素养

从信息化教育改革来看，教师作为教育改革的先行军，势必会影响整体教学信息化改革的进程，同时教师的主观因素也制约着高校体育教学与信息技术相结合的发展。提高教师信息技术意识、强化教师的信息技术素养是促进高校体育教学与信息技术相结合的重中之重。在当今阶段，高校体育信息化改革有着非常深远的促进作用，只有让每一个体育教师树立起信息化意识，并且积极乐观的将信息技术融入体育教学，才能实现高校体育教学的数字信息化成果。

对于高校体育老师的信息技术培养，有必要建立专业的培训体系，从

基础做起，通过实践和培训提高教师的信息技术运用能力。如此不仅能提高体育教学的教学效率，同时还能促进体育教学与信息技术的融合。具体来看可以分为 3 种方式来增强体育教师的信息化技术：①建立专业的培训机制，专业训练体育教师信息化技能，从而提高体育教师运用信息技术的能力；②可以选择学习力比较强的体育教师去其他优秀学校拓展学习，通过这种形式增加体育教师与其他优秀学校的交流，从而提高技能；④体育教师应该通过各种渠道自学深造，主动探索信息技术应用于体育教学中的方法，从而将信息技术真正融入体育教学。同时对于一些信息技术意识比较强的教师要给予鼓励和支持，树立标杆意识，以便提高体育教师整体技能水平。

2．选择适宜教学内容与信息技术有效整合

在教学内容与信息技术的课题的选择上，要秉承合理的观念，要从实际角度出发，因地制宜地选择性融合。在信息技术应用方面也应当照顾学生的感受以及考虑切实的师资力量等因素。在教学内容的选择方面主要有以下几点作为参考条件：①一定要根据既定的教学目标来选择合适的信息内容，并且在教学内容的选择上要尽量优化，达到效果最大化。②在信息技术与教学内容的选择上一定要考虑到最佳的教学效果。③在教学内容选择上一定要尽可能选择有趣味性以及更加能够吸引学生的内容。同时还要有针对性地对一些传统的项目以及运动做适当的创新，以提升学生的学习兴趣。④不管教学内容如何选择，出发点都是要适应学生的实际运动水平，充分激发学生的学习兴趣。

3．增加投入，加强信息技术的硬件和软件建设

高等教育现代化催生数字化、信息化校园建设，信息技术的硬件是实施信息技术与体育课程有效整合的基本保障，计算机、网络、多媒体设备是现代信息技术的最基本的硬件要素。因此，进一步完善校园网络建设，配置计算机、多媒体、视听设备，不仅是体育课程教学的需要，更是现代化高等教育发展所必需的。信息软件资源是信息技术的灵魂和核心，主要指一些教学软件、管理软件以及数字化的课程资源，只有不断完善各类教学和管理软件，加强学校信息中心和教学资源中心建设（教

学资源库、VOD 视频点播系统、数字图书馆、网上远程教学支撑系统等数字化教学资源），才能真正发挥信息技术在学校教育中的作用，促进高等教育现代化。

随着高校体育教学信息化的深化改革的不断推进，许多高校也建立了一些数字化信息设施。但是从整体效果来看，许多应该配备的数字化设施还不健全，比如顺畅的教学网络、多媒体教学设备以及固定的多媒体教室等。同时一些专业的课程网站以及体育软件实施的建设也非常有必要。这些客观问题都是决定高校体育信息化改革成败的关键因素。

4. 延伸体育学习环境，转变体育学习方式

多元化社会背景下的学习方式也愈加多样化，信息技术与体育课程整合引起教学方式的变革，使得体育学习时空适当延伸，体育学习环境适当变换。特别对于体育知识的学习、复杂技术动作的了解，可以安排在课外时间，通过网络、观看视频资料等信息技术手段加以实现。教学环境的建设从单纯的操场、训练房延伸到多媒体教室、图书馆、计算机房、学生宿舍区等地方。调查数据显示高校的网络、网站建设比较完善，为信息技术与体育课程有效整合提供了有力的支撑。

对于体育课程与信息技术相结合而言，体育学习方式应当较原来有所改变，改变的方向分为以下几点。首先，针对时空观念的改变，传统的体育教学仅仅在校园内部展开，但是需要改变的是还可以在其他场所进行体育学习。在学习方式的选择上也不仅仅依靠老师或者书籍等，还可以借助互联网进行网络学习。从这点来看，体育教学已经不仅仅从课堂的 45 分钟转换到随时随刻的体育学习中。其次，从实际角度将信息技术改变成一种学习工具，利用信息技术加强自身对于体育知识的掌握。最后，将信息技术从辅助教学内容变为主导性的教学工具，从学生角度出发利用信息技术增强学生的学习积极性，鼓励学生进行自主探索与学习。同时，教师可以利用网络平台加强与学生的互动交流，也可以利用信息技术和学生一起探索体育教学的方法。

新的教学内容以及教学方法势必会通过信息技术与体育课程的结合而展开。在新的教学方法中，学生变成了教学主体，一切的教学内容真正从学生的切实情况而展开。这是体育教学信息化改革的标志。同时利用信息

化教育平台，学生和教师之间增加了互动黏性，教师可以更多地考虑到学生的感受，多方位的互动平台不仅能够增加师生之间的感情，同时还能第一时间获知学生的学习感受，以便进一步探索和改革教学内容。通过对高校体育教学信息化改革的成效进行研究，我们看到了现实存在的一些问题和缺陷，并且根据这些现存的问题提出了一些整改的措施和建议。同时要想实现体育教学与信息技术的完美结合还需要考虑很多现实问题，比如学校师资力量、学生客观情况以及不同地区的教学内容等，对不同问题加以分析和总结，对高校体育教学信息化改革进行正确的引导。但是需要注意的是，在改革的过程中不能偏离体育教学的核心教学理念以及教学规律，一定要遵从客观规律进行信息化改革。

第三节　翻转课堂模式引入体育教学中的应用探讨

一、翻转课堂的内涵与实施步骤

（一）翻转课堂的由来

前些年，教育界的热点非翻转课堂（Flipping Classroom，或译为"颠倒课堂"）莫属，甚至在 2011 年被加拿大的《环球邮报》评为影响课堂教学的重大技术变革之一。

随着信息化社会的不断发展，教学的资源更加丰富，教学的手段也更加多样，教师主宰课堂的灌输式教学已经无法适应当前教育教学的需求，将信息技术广泛应用于教育教学领域已经成为时代发展的必然趋势，这对提高教育教学质量和优化人才培养模式具有重要的现实意义。在信息社会的时代背景下，基于信息技术的变革、人性学习需要的满足和解决课堂教学现实困境的需要，翻转课堂应运而生发，人们对翻转课堂的价值探讨也在不断展开。

在 2007 年前后，美国的乔纳森·伯尔曼和亚伦·萨姆斯在科罗拉多州落基山林地公园发明了翻转课堂。

翻转课堂的创始的起因源于学生因各种原因没能及时上课，这带给了

乔纳森·伯尔曼和亚伦·萨姆斯两位化学老师启发，便将传统的教学模式
（课堂上听教师讲解，课后回家做作业）进行"颠倒"或"翻转"，形成新
的教学模式即——课前在家里听看教师的视频讲解，课堂上在教师指导下
做作业（或实验）。由此迎来教学史上的重大技术变革。

　　何克抗认为，翻转课堂更符合人类的认知规律，有助于构建新型的师
生关系，促进了教学资源的有效利用与研发。曾淑煌认为，翻转课堂可以
有效解决 2 个矛盾，即教学进度与学生知识掌握速度之间的矛盾和教师共
性化教学与学生个性化认知的矛盾。秦建华、何高大的研究指出，翻转课
堂可以实现个性化学习和因材施教，实现教育公平。随着研究的推进，学
者们对翻转课堂的价值的认识在不断深化，并越来越注重翻转课堂综合价
值的发挥。遗憾的是，翻转课堂并未得到体育界的普遍关注，在体育学科
中的研究几乎处于空白状态。在反对灌输式、提倡个性化教学的今天，研
究翻转课堂并尝试探讨该模式在体育教学中的价值和实施策略，对于优化
体育教学效果、进一步深化我国体育教学改革无疑是有价值的。

（二）翻转课堂的内涵

　　对于翻转课堂内涵的解释，综合起来可以分为两种：一种观点倾向于
用翻转课堂的实施流程代替内涵，这种解释在当前最为普遍，可称之为"流
程说"；另一种观点倾向于用翻转课堂的功能代替其内涵，可称之为"功能
说"。"流程说"通过具体的实施步骤来解释翻转课堂的内涵，翻转课堂的
推广人萨尔曼·可汗给出的解释最具代表性：学生晚上在家观看教学视频，
第二天回到教室做作业，遇到问题时则向老师和同学请教。这种与传统的
老师白天在教室上课、学生晚上回家做作业的方式正好相反的课堂模式即
为翻转课堂。"流程说"的解释倾向于对翻转课堂实施步骤的微观阐述，虽
清晰明了，却不符合概念界定的规范性要求。"功能说"倾向于从宏观上对
翻转课堂进行解释，注重凸显翻转课堂的核心价值。例如，翻转课堂即通
过对知识传授和知识内化过程的颠倒，从而改变传统教学中的师生角色并
对课堂时间的使用进行重新规划的一种新的教学模式，也被称为课堂翻转。
"功能说"主要从学生知识学习与内化的有机结合方面对翻转课堂的内涵
加以解释，这显然是片面和浅显的。事实上，翻转课堂的功能并不限于改
变学生知识、技能学习和内化的顺序，它在学生的学习态度、习惯、兴趣

以及学生在各种能力的培养等方面，具有传统教学模式难以比拟的优势，可见，"功能说"有以偏概全之嫌。

综合前人的认识，翻转课堂的内涵可以理解为：以能力培养为目标，以信息化网络和实际课堂为中介，以分组学习为基础，注重课前知识技能学习，课中、课后知识技能内化和应用的个性化教学形态。

（三）翻转课堂的实施步骤

翻转课堂的实施步骤可分为课前、课中和课后三部分。课前，教师根据教学目标对教学内容进行模块切割后，将微视频、PPT、动画等形式的教学资料传到在线网络教学平台，学生依靠这一特定的教学平台在课前完成知识和技能的学习，并达到初步掌握的程度，教师根据学生的在线测试结果或小组成员学习中反馈的问题掌握学生的学习情况；课中，学生通过教师的精讲、分组讨论、组织活动和有针对性的学习实践，逐一解决学习中遇到的问题；课后，教师对学生的学习情况进行评价，完善课程教学中的不足，并依据评价结果对下次课进行教学设计，学生则总结反思学习中存在的问题，并对知识和技能进一步巩固。

身体直接参与、体力与智力活动相结合、身体承受一定的运动负荷是体育教学的基本特征，亦即技能性和健身性，这明显区别于其他学科的课程教学。体育课程教学的基本特征决定了其在教学环境、教学内容、教学方法、教学组织管理、学生的情感体验等方面明显区别于其他学科教学，因而在体育教学中实施翻转课堂也定然与其他学科的课程教学有所差异。在体育教学中实施翻转课堂，为保证体育教学的实效，体育教师的教学设计不能采用固化的模式，要把增进学生健康看作贯穿于课前、课中和课后的主线，在遵循运动技能形成规律的前提下，适当增加课前、课中和课后的实践比重以加深学生的运动体验，同时也要将安全防范工作贯彻到翻转课堂的始终。以翻转课堂模式下太极拳的课前在线教学为例，体育教师除了以微视频的形式对太极拳动作讲解和示范外，还要把太极拳的发展历史、功法、健身原理以及安全防范方法等作为重点设计到在线虚拟教学平台上，因为单纯依靠模仿动作是无法让学生产生兴趣和领会动作要领的，最终会导致翻转课堂流于形式。

（四）翻转课堂的发展

1. "可汗学院" 兴起

凭借着自身的优势和影响力，翻转课堂自 2010 年以后拓展于全美乃至全球，当然，翻转课堂的飞速发展离不开"可汗学院"的全力相助。

在 2004 年前后，孟加拉裔美国人萨尔曼·可汗为了远程辅导亲戚家的小孩学习数学，把教学视频提前录制好，同时可汗为了有需要的人士免费观看和学习，便把教学视频发到 YouTube 网站上，在此之后，方便学习者们进一步的教学训练，萨尔曼·可汗又增加互动练习软件。

在 2007 年，一个非营利的教学网站成立了，此网站是可汗在之前的教学视频和互动练习软件的基础上进行优化整合而形成，教学网站采用教学视频的形式讲解各学科（不仅是数学）的教学内容及网上读者关心的诸多问题，并给予自我定位，网络练习，进度时时跟踪等教学方式。

在 2009 年，可汗由"兼职"转为"全职"，在精心的运行与维护下，这个教学网站不是以赚钱为前提，盈利也不是其目的，学院成立之初就以此名字为自己命名。

学院迎来前所未有的较大发展是在 2010 年，不仅得到比尔·盖茨的关注，还陆续收到了他和妻子共建基金的数百万美元资金的帮助。正是由于此原因，学院的影响力大幅提升，影响范围也不断扩大。后来此学院还研发出能及时、快速、准确的集合学生的数据的体系，使学生了解自身的学习状况，有利于老师更好地掌握进度，有利于老师更好地进行翻转课堂。此系统使学院所提供的教学影音质量，支持学习的工具都有显著提升。

此学院在不取报酬的情况下，所提供的影音却是优质的。一方面有利于课堂实施得更加顺利，另一方面使课堂的用户量大大增加。随着翻转课堂的使用率增多，使用范围的扩大，翻转课堂在北美乃至全球教育工作者的视野中，大受欢迎。随着翻转课堂在应用区域和受影响人群的扩大发展，在教学内容与教学方式上，翻转课堂都有着全面的改进。如上所述，这种课堂方式，是把以前教师上课任务，学生任务，作业完成任务的方式进行了位置交换，变成课前在家里听看教师的视频讲解，课堂上在教师指导下做作业（或实验）。

2. 慕课的出现

翻转课堂的出现虽然改变了传统的教学习惯、教学模式，但形式比较单一，并且带有自身的局限性。

直到 2011 年以后，它在全球教育范围内，以另一个全新的模式出现在公众的视线内，这种不局限的形式的出现克制了课堂带来的缺点，改变了在课前家中教与学，从内容到形式的改变。

从这种不局限、非单一的模式，只从其名字（Massive Open Online Courses）就可以看出，"慕课"的特征是：它所强调的是相互的和返回的，提倡建立在线共同学习的区域。

在以往的共享课程中，存在着诸多的不灵活，如大多视频都带有针对性，针对本节要学习的内容或是根据学生的需要而录制；在教学过程中学，教师仍是主体地位，客体一般处于被接受状态；在这个教与学过程中，主体与客体之间、学生相互之间缺少交流与反思，整体参与度不足。

而共享课堂新秀模式实施的是在线授课形式。一方面通过在进行过程中，加入一定的提问、随时的检测、专题的具体解决，并引导学生利用已有的各种现代化学习支持工具或设备进行主动浏览，最终获得想要的资源，利用行之有效的交流、互动与反馈提高课堂的效率。另一方面，这种共享课堂可以极大地吸引学生，尤其在要进行作业的完成，专项问题的解决过程中起到积极鼓励作用，形成各种共享学习区域，对跟自己相同主题，相同兴趣爱好的形成统一社区，建立互相帮助、共同协作、交流完成的群体，并随着这一群体的不断扩大，进一步衍生出相关的资源库。

相比于一对多的授课和事先准备好的视频教学方式，单一与非单一、局限与不局限相结合，正是广泛吸收了以上两种方式的优点以后，产生的新方式——"互动与反馈"和倡导"在线学习社区"正在大范围扩展应用，而慕课带给学习者的"沉浸感"和"全程参与感"在日益增加。这些变化在教学内容与教学方式的拓展上都有所展现。

翻转课堂在教学模式上带来的改变有目共睹，然而单向传授的教学视频播放并非所强调的重点，在单一的、局限的课堂的创造者们看来，特殊与大众，共性与特殊性，他们更在意的应该是怎么能让学生从更深层次挖掘到想认知、想了解的、想改变的东西，实践这种局限、单一模式的，主体与客体的相互沟通、互动；正是基于两位老师的关注点，把翻转课改名为"翻转学习"。

二、翻转课堂的作用与效果分析

（一）翻转课堂体现"混合式学习"的优势

翻转课堂，一项在教育界，秉承着以混合式教学为标志的教育思想，针对教学模式实施的重大改革；一项可以增多主、客之间的沟通与学习，达到客体特殊、个性学习的时间把握方法。这样在海内外学者看来，他就不是单一的，而是全新的、复合式方法。

在学术界，关于翻转课堂的表述仁者见仁。以混合式学习方式角度来观察翻转课堂的作用与效果的观点看：

最初的混合学习方式是课前在家里听看教师的视频讲解与课堂上在教师指导下做作业（或实验）。这原本单一、局限，特殊、共性的混合方法；再加上后来的非单一、不局限的混合方式的特点与长处的广泛吸纳，真正的发展成了网络多元共享与"地面实录"相结合的复合式模式，其中网络多元共享又有完全分享和部分分享之分，在这两种方式的混合下，翻转课堂也在逐渐发展与完善。

关于翻转课堂的混合式多元共享方式，在全国范围内有影响的大部分学者来看，得有之前的网络共享预习，还得有之后的地面实录相结合。深究其根本，它真正的是发展成了网络多元共享与"地面实录"相结合的复合式模式，其中网络多元共享又有完全分享和部分分享之分，是把地面实录、比较传统的方法与网络共享公开的混合模式有效地结合了，它是实现学校、家庭在学生内心以及世界级中的角色都发生了改变；也有一小部分学者认为这种单一与不局限的混合模式混合了直接与隐蔽的再建。

从内在、外在各方面来看，前面的局限模式与后面的复合式模式，内部蕴含的似乎有些不同。前面的局限就是以往最常见的教与学的传统形式，和直接的在线学习（即网络共享）。后一种是指地面实录的直接讲解，与重新再建的融合。但从内在本质出发，最以往的模式，就是以教师的主体为主，单向传递为主。他直接也一定会导致，与客体缺乏互动、使客体失去积极性。所以传统的模式与地面实录其实是一个意思；而网络共享使主体与客体、客体与客体之间的互动更紧密，更自如，这也是所被倡导的。"学习是获取知识的过程，但知识不是通过教师传授得到，而是学习者在一定的情境即社会文化背景下，借助其他人（包括教师和学习伙伴）的帮助，利用必要的学习资料，通过意义建构的方式而获得，（是）通过人际间的协作活动而实现的意义建构过程"。由此可知，从内涵本质解析"在线开放课程"与"建构主义"所倡导的混合学习方式大体一致。

（二）翻转课堂更符合人类的认知规律

在 2011 年度英特尔一对一数字化学习年会上，全球教育总监冈萨雷斯以人类认知规律角度来分析翻转课堂的作用与效果，并声称："颠倒的教室（'翻转课堂'的另一种表述）是指教育者把更多的学习自由还给了学生。把知识传授的过程放在教室外，学生便自行选择自己接受新事物新知识的方式；把知识内化的过程放在教室内，利于增强同学之间、师生之间的感情，也便于交流观点和看法。"

冈萨雷斯以人类认知规律角度来阐释翻转课堂，在国内得到很多学者的支持。如很多师范大学教授都认为，"翻转课堂更加符合学生的学习规律，是先学后教的一种形式；相对于一般导学形式的先学后教，微观视频学习更加生动活泼……视频学习可以取代教师的知识讲解；而学生最需要教师帮助的时候，是做作业遇到困难和迷惑的时候，翻转课堂更能实现这一点。"在个别的大学，也有学者更进一步指出，翻转课堂的"课前传授+课上内化"的教学形式与传统教学过程正好相反，这是大多数人理解的传统意义上的翻转课堂，但却忽视了翻转课堂的两个关键点：课外真正发生了深入的学习；高效利用课堂时间进行学习经验的交流与观点的相互碰撞能够深化学生的认知。"

三、翻转课堂面临的挑战

（一）翻转课堂在实践中的限制条件

1. 网络化教学环境的限制

翻转课堂形成初期，想要课前观看网上教学视频的学生只能局限于在家里看录制好的视频。自 2011 年以后，伴随着混合模式的突出，结合了非单一形式。网络共享的特点与长处，单一的、地面的教学形式都有了长足的改变。尽管单一课堂不再受地域、时间等因素的影响，但翻转课堂实施的基础条件——网络化教学环境是必不可少的。

从我国现阶段的硬件设施来看，我国的网络化教学环境普及面还不够广，除却经济较高的我国东部和一些大、中型城市的一些学校有这样的基础和条件；在大部分农村地区，相对于教育主体而言，教师能够通过手机、电脑等现代高端设备来网络共享，但这亿万客体学生在家，还不具备网络共享的条件，所以对于农村家庭的网络化环境建设还需加快步伐。

2．实施范围限制

相比较于高中或大学生，小学生由于年龄小、知识与能力的基础不牢固、自主学习性不强等，因此小学，特别是九年义务时期，其实是不适合进行单一的课堂实践的，这种现状和基础条件是被教育学者认可的。

对于翻转课堂这种全新教学模式，要想在国内更大范围的实施，机遇与挑战并存。所谓机遇是指全新的教学模式，为我国的教育事业注入新鲜的血液，刺激新的发展。而想要更大范围地实施翻转课堂就必须要考虑限制条件并且与我国面临的具体情况相结合。

（二）大范围实施翻转课堂所面临的挑战

1．各学科优质教学资源的研制与开发

单一的形式要求客体在之前就要对教师所要讲的影音视频进行预习。这样的影音视频是按照最传统的方法进行的录制，后来经过整理发展成与一个个具体的小点相结合并且小点有针对性练习的"微视频"（一种优质教学资源）。各学科部分的具体内容、框架体系、小点组合的状况不尽相同，假如想在将来能全面推行这样的新型混合模式，得到普及，做到家常化，那必定需要不在少数的这样的视频。

在美国同样有一个不以收费为目的的学院型民间场所。在它的资金注入下，能够使更多的学科间、大部分学科的优质资源得到搞笑的研究、开发；但可惜的是在我国，目前还没有与之相类似的民间机构，因此在这方面仍面临很复杂的情况和挑战。但是值得令人欣慰的是，由某师范大学牵头成立平台联盟，该联盟的目的在于"借助慕课平台，实施'翻转课堂'，

实现学校教学模式的变革，为创新人才的培养创造良好环境"。

该联盟成立以后，各中小学陆续加入了该联盟，目前为止，已达到几百所。这对于大范围解决优质教学资源研制、开发与共享起到很好的带头作用。

2. 教育主体的思想、观念有待更新

单一的形式以复合式的学习方式，兼具特殊与共性为特色。这里所说的复合式就是把客体上课前的看视频学习和课堂面对面教学两方面相结合。课前看影音视频预习事宜自己把握学习状况为主，但是整个课程的脉络、重点、小点的结构以及点与点之间的内在联系，仍然需要主题的实际讲解；课堂上进行面对面教学是在教师指导下，由学客体对教师提出的问题进行反复的思考，对作业进行独立完成，对实验中的分歧进行分组讨论。分析可知，在"混合式"学习的教学方法中教师的教育思想和教学观念起着至关重要的作用，因此，为更好地达到预期教学效果，应提高对教师的关注。

在中国历史中关于教学的方面，教师就是起表率的，是传递知识、教授学业、解答疑惑的，主要是突出在教学过程中不可替代的地位，强调的是教师在实际讲授过程中对进度的把控，总结起来就是，重视教大于学，由此可见教师在教学中的重要地位。

我国在古代的教学中，推崇的是"以教师为中心"的教育思想；而西方古代教育思想就有别于中国的教育思想。

在 1900 年左右，就有学者提出以教授的对象、以学为中心的教育理论，到 20 世纪中期，又有学者提出，意在除了重视学生客体地位，还要让他们能够自我发现式学习。由此我们能看出，他们的历史教育就是重视学的客体，轻教，所以为后来的学生为主奠定了基础。但是单一的形式是基于复合式的方式，其教学过程包括之前的影音视频和实际与客体面与面的讲授这两个方面。课前看视频学习以学生自主学习为主，但并未忽视教师的讲授；面与面的讲授重视的是主体的指导作用，其实更应重视学生怎样在主体的引导下，如何通过思考解决小组讨论的问题，并加以理解。因此，要把这两部分的教学都能达到预期的目标，教师应该树立的教育思想既不是以教育的主体为中心，也不是以教育的客体为中心，而是以混合式教育思想为中心。就是教师与学生相结合、主与客相结合的理念，要把传统教与学方式的优势和网络化教与学方式的优势结合起来。也就是既要充分发挥引导与把控全过程的主导作用，又要把客体自我主动性、上进性、创造性调动出来。

与此同时，随着对翻转课堂的深入了解和逐步落实，实践中主体的思想、观念被显得特别的重要。对于怎样进行教与学这个问题，这个观念在意识上对这种活动做出了高度的概括，所有的实践方式、方法都属于这种观念下层次的概括；而教学观念与教育思想如出一辙，教学思想的样子就决定的这种观念的形成。如果要是以教师为主的观念中，毫无疑问他必定强调的是其主要地位，强调的就是老师在实践中的讲。这个客体就是接受，然而如果是以学生为主体，那就截然不同了，其观念就必定是强调自我主动学习，并寻求探究合作，最后支持的一定是后者的观念。

在这种拒绝单一、拒绝局限性的复合式的观念、思想中，由它把主客相结合的思想作为主要思想，则是兼取将授予接受和自我主动学习。教师讲授的东西要有意义，要值得推敲，要刻意探究。以这样标志的实践活动，才有观摩、借鉴作用。这正是保证单一的课堂能有效实施所必须坚持的新型教学观念。

新型教学观念是讲授有意义的知识，让客体有意识接受，和自我主动学习这二者的混合，而并不是这两种教学观念的简单重叠，是要通过对二者的改进与发展中形成，并要以适当的方式加以贯彻实施，才能达到较好的效果，在翻转课堂顺利实施的过程中，教师教育思想和教学观念的更新显得日益重要。

四、翻转课堂引入体育教学的研究

（一）翻转课堂引入体育教学的价值探析

一个教学模式是否具有价值，取决于其最终效果是否有效。当一个教学模式在实施后十分有效的基础上还能够很大程度的提高教育人才的水平，那么它不可否认就是一个十分有效的教学模式。所以说，假如要把翻转课堂加入体育教学当中，我们首先要搞清楚在当前的体育教学中有哪些教学问题，然后根据这些问题，结合翻转课堂的特点来探究这些问题能否得到有效的解决，并在优势上得到进一步的发挥。

1. 当前体育教学中存在的典型问题

（1）人文性与工具性的不平衡。其教学目标主要有：知识目标、技能目标以及情感目标 3 项。前两者更加注重平时的实践活动，后者更加注重感情世界。在我们的传统观念下进行的体育课堂，老师们重点在向学生教授什么内容，怎么更好地教授，以及学生该怎么学习，能否学会体育技能等一系列问题。老师们往往忽视了在教学过程中对学生情感的把握，在人文性方面稍有不足，这样的后果就是学生们虽然学会了一定的体育技能，但运动意识及体育的素养却有很大的欠缺。学生们喜欢体育活动却不喜欢体育课堂。很明显的，传统的体育教学模式有很大的不足，我们必须在体育教学中认识到工具性以及人文性的有机统一。

（2）人文以及个性的缺失。观察我们国家体育教学的状况，在体育教学实践中有很多不足之处。虽然我们已然下大力气决定解决，但并未得到很大的改善。一些体育老师在教学活动中往往会从自我的角度出发，来进行教学规划。无论是其采用的教学方法，指定的教学目标等，都是主观性较强的现象。但是这一现象在实质上却是对学生个性的忽视。受到传统教育模式的影响，一些体育老师在教学过程中，几乎是以全部的教学时间来进行体育技能的讲解与演示活动，学生通过机械性的训练，无法将其内化于心，更加不能得到综合能力的提升。学生的个性差异很大，身体素质、心理状态、性格特点等不尽相同，老师们只有摸清每个学生的个性差异，并且加以区别对待，从而进行个性教学。正是由于这些人本以及个性的缺失，一来，老师们做不到因材施教。二来学生们无法学得更好。学生的课堂学习缺乏主体性与个性的发挥，与人才培养方案南辕北辙。

（3）教学指导思想杂乱，主旨不明确。一直以来，体育教学的指导思想逐渐发展成为"技术健身""健康第一""快乐体育""终身体育"等。这些思想的形成，利于体育教学界对学科性质的了解，有力地促进了教学模式的发展。体育教学不能把每一个教材都套上你跟一个教学理念，这样只会使体育老师们难以抉择，最终失去了自身的教学特点。体育老师应该根据个人对教材的理念以及价值认同之间抉择一个。关于知识及能力、体验与结果、健康与技术之间的争论愈演愈烈，一定程度上限制了体育教学事业的进步。

（4）评价体系不完善。真正的有效评价指的是"以评促教"以及"以评促学"，而不是单调地为学生打分，这一方式的缺陷很严重。传统教学的评价方法如纸质试卷以及体育技能考核的形式忽视了学生个体的不同，也需要改进；传统教学的评价领域主要注重动作以及认识，却忽视了学生的情感世界；传统教学的评价时机，老师们忽视了过程性评价以及对学生进步的表扬，只注重对学生整体学习效果的点评。在传统教学的评价主体以及评价目的上，只有体育老师一人来做出评价，且只以分数的形式打出，对学生没有任何的帮助作用，这一点已经偏离了正确的教学目的，也一定程度上容易使学生失去学习的兴趣。

2. 翻转课堂引入我国体育教学的价值

尽管在当今社会，人们已经接受了翻转课堂在我国的兴起，但是人们还没有在深度的层次上对翻转课堂进行过探讨与研究。显而易见的，没有经过对翻转课堂价值的讨论，就没办法来判断它的优缺点，更不用说在我国的课堂中进行推广。因此，对于翻转课堂进行理论层次的研究就显得十分重要。

（1）在体育教学中应用翻转课堂有利于人文性与工具性的有机统一。具体是指通过在课前上传教学视频到网络课堂上，使学生在课前能够进行课前预习。之后在课堂上组织同学进行课堂讨论、操作练习等，以便于学生对教学知识有更深入的理解。这能够体现出学生对于教学知识的看重，所以这一模式具有工具性。另外，人文性可以通过一系列手段来实现，如网络课堂教学成果展示、师生密切交流、环境情景模式设置等。由此，我们可以得出结论：翻转课堂模式在体育教学中的应用有效地解决了"两性"失衡的现状，有利于学生在课堂学习中更加有效，增强学生的学习兴趣。

（2）翻转课堂有利于体育教学课堂实现人本化和个性化的教学目标。教育首先应当以人为本，具体来说，就是以学生为本。而要实现人本，最重要的就是因材施教，因人而异。翻转课堂的教学重点就是因人而异，充分尊重每一位学生发展的个性需要，为每一位学生提供个性化的教学方式。这一点在传统的教学中，几乎难以做到。与此同时，翻转课堂还对学生的个性化需求十分看重，通过在课上课内的教学实践时间、教学内容上的灵活安排，来促进不同学生进行协作与个性的学习。在学习目标方面，学生不仅有自己制定的个人目标，同时，还有老师为他们设定的目标。在学习进度上，学生可以根据网络线上视频自由安排学习进度，根据自身的实际情况来进行调整。在学习效果评价上，学生学习小组和老师可以通过在线的学习平台对学生的学习效果进行评价。在这种评价机制下，有利于在学生和老师之间形成良好和谐的互动关系。老师可以根据学生的具体学习状况来设计教学思路，使学生进一步成为课堂的主体，同时老师还可以根据学生的个性特点来实施因材施教的教学策略。在一定程度上，有利于对教学的人本化和个性化的实现。

（3）翻转课堂的模式在体育教学中的应用对于贯彻"健康第一"的思想具有重要的意义。这一思想在2011年颁布实施的《体育与健康课程标准》中被多次强调，由此可见，当前我国在体育课程方面的教学目标与指导思想已经很明确。其中，健康又包括身体、心理以及社会适应力三个方面内容。体育课程是否卓有成效主要就是看这三方面的标准能否达到。在我国传统教学模式之下，我国的体育课堂能否达到这个目标一直备受争议。人们质疑，在大部分时间以教师讲解加上少部分学生练习的授课模式下，学生们是不是早已厌倦了体育课，更何况要求他们做到身心健康以及良好的社会适应性。

翻转课堂的标榜个性化教学，主要通过学生在课下时间主动观看网络教学平台中的教学视频进行"先学"，然后是进行课堂之上的小组讨论与探究、体育技能的实践、学习效果的展示等。其中在课堂阶段始终贯穿着老师的"后教"的方式来帮助学生解答在学习中的疑难问题，解决学生在自学中发现的不足。这种教学模式针对性强、效率高，且利于激发学生的学习积极性与参与度。线上课堂的加入使得师生的位置发生转换，同时还使得原本教师大篇幅讲解的时间顺利过渡给学生的自我、小组探究。这一切对于学生提升自我身心健康以及社会适应能力具有重要的作用。

（4）翻转课堂在体育教学中的应用使得体育教学中的评价比以往更合理有序。主要原因是在该模式下，教学评价作为教学中的一个重要步骤得到了更大的重视。其中，评价的主体也由传统模式下的教师一人做出评价转变为由教师、学习小组以及学生本人三方面共同做出合理的评价。另一方面，评价的机制也更加科学，不再是只在学习过程结束之后进行追踪的一次性的评价，而是把评价贯穿于学习的整个过程。这一点是由于学生个体的素质差异决定的。打个比方，某些学生由于自身身体素质本身就与他人有较大的差距，但由于其老师和其自身的努力，在一段时间内取得了重大的进步。虽然他的体育技能水平还和他人有差距，但这丝毫不能影响对他进步的鼓励。因为这名学生与以前相比，对体育技能、兴趣以及态度上都发生了很大的转变。这一种根据学生实际的学习情况做出的评价才是"以评促学"思想的正确体现。同时，由于该模式下的教学评价由多方面做出，老师可以结合评价对各个学生的学习状况得到更加深入地了解，有利于发现和解决问题。以上便是翻转课堂具有合理性、科学性的原因。

（5）翻转课堂在体育教学中的应用有利于课堂各要素的优化和组合，同时对课堂效率的提高具有重要意义。这一意义的实现并不是通过改变课堂要素来实现的。本质上讲，两者的课堂各要素并没有发生变化，翻转课堂利用各要素的重新排列组合来使体育教学达到更好的效果。它通过教师和学生主体地位的转变、增加课程资源、改变教学的目的反馈评价机制等方法，有效地解决了传统课堂中出现的各类问题。值得一提的是，课堂要素的重构并不是呆板、一成不变的，老师们可以根据教学实践中的具体情况来灵活的调整课堂结构，其本质是以学生的需求为需求。这一灵活性的原则也有利于避免翻转课堂被僵化、固化。

信息技术的发展为翻转课堂的出现提供了技术支持。以信息技术为基础的线上网络课堂与传统教室课堂的结合有效地增加了课堂的容量，学生们可以在教室之外学习理论知识和技能技巧，再通过教室之内教师的答疑解惑、讲解提升、反馈互动，使学生的学习效果得到了极大的提升。

（二）翻转课堂在体育教学中的应用策略

1. 做好在线虚拟体育教学平台的建设

（1）体育教学内容的上传模块。体育课程的特点是集知识性与技能性为一体，知识性的体育学习材料在虚拟教学平台上主要采用PPT、Word以及音频等形式，而技能性学习材料则主要依托体育教学微视频和动画等形式来实现。各种体育教学材料紧密联系、互为补充，经过处理后要表现的短小精悍、知识性强，特别是体育教学微视频和动画等教学材料，既要清晰简短，又要注意从不同维度对体育技巧、战术及体能练习方法和手段等进行展示，以便于学生模仿和领会学习要领。

（2）师生在线沟通模块。该模块的建立有利于老师、学生们进行沟通交流，既利于教师答疑解惑，也利于学生们之间的互帮互助。学生们在学习视听资料的过程中遇到不理解的地方首先可以通过学习小组来解决，在小组讨论仍然得不到结果时，再将问题汇总在线提交给老师解答，同时也可以将问题带到教室中当面提问。当然，在线的师生互动不可能 24 小时不间断进行，老师可以规定时间来进行提问，以此来划分工作和休息时间。

（3）教学在线测评模块。教学在线测评模块分为：自我测评、小组测评以及教师测评三部分。评价可以不用打分数，而是通过"掌握到位、基本掌握、未掌握"等归纳性测评词汇。当然，也可以通过几句或者一段话来对学生的学习状况、学习效果进行总结评价，根据电脑测评结果来进行评价等。在考试内容的设计中，应该避免枯燥的数据模式，而应该将课程的难点以及重点设计进吸引学生目光的趣味题之中。教师对学生的测试结果评价力求准确，不带主观性，同时也要注重培育学生学习体育课程的爱好，激励学生多参加课堂外的技能实践。

（4）体育课程学习的跟踪与监控模块。学生上体育课的目的和需求有所不同，在线学习的自主性方面也存在差异，设置该模块的目的主要是为了对学生在线体育课程学习情况有所掌握。针对自主性差的学生，体育教师可以及时了解原因并针对性解决，是体育课程设计问题的及时调整设计方略，是学生自身原因的则对学生进行引导。针对学习自主性较强的学生，体育教师要对其及时给予肯定和表扬。这既能激发学生对体育课程学习的兴趣，又能引导其他学生提高学习的自觉性。

（5）学习汇报总结与效果展示模块。这一模块是老师全面了解学生学习情况的有效途径。通过倾听小组评价以及学生的自我评价，老师可以了解到学生在学习过程中遇到的各种问题以及他们的学习感想。学习效果展示是学生对阶段性学习成果的总结与展示，有利于增强学生的学习自信，提高学习的积极性。同时，对于学生交流能力的提升也有益处。这些都是老师改进学习方法、调整课堂因素顺序以及制订下一步的教学计划的重要依据。

2. 注重体育课程评价主体与方式的多元化

翻转课堂教学模式下的体育课程评价机制，无论是评价的主体，还是评价的内容和方法都有所创新。就评价的主体来说，体育教师不再是唯一的打分者，小组成员和个人都成为评价的参与者，个人评价、小组评价和体育教师评价分别占有一定的权重，最终形成一个综合性学习评价结果。就评价的内容来说，体育技能和知识依然是考核的重要内容，但打分的依据不再完全按照统一的体育知识与技能评分标准进行，更多考虑的是学生通过体育课程学习所取得的进步程度。除此之外，学生在体育课程学习中的表现、在线体育课堂的学习情况、体育知识与技能学习的在线测试结果以及小组体育学习成果展示等都与评价的最终结果相联系。总体来看，翻转课堂模式下的体育教学评价是宏观评价和微观评价相结合、体育教师评价和学生评价相结合、线上评价和线下评价相结合的综合结果，评价过程更加以人为本，评价结果更加真实、全面、客观公正。

3. 注重体育教师素养与能力的综合提高

教师素养与能力等综合素质的提升是教学改革成功与否的关键，不论是哪种教学改革，都必须在教师的综合素养上出现重大的提高。同时，这也是保证教学改革成功的关键。在体育老师的培育中，需要自发和外促两种方式的组合培育，同时结合职培育、入职培训以及职后培养 3 种培养模式，最终建立起新的教学观念下的教师培养体系。在教室的培育中不能只注重专业能力，应该把人格特征放在同专业能力一样高的地位上。这是教师职业得以更好发展的重要保证。在翻转课堂中，教师对课堂结构的把握以及策划显得尤为重要。学生不能像传统体育教学模式中的那样漫无目的、毫无规章的学习，而是应该在教师为其制订的教学规划中，课前通过网络线上课堂进行先期的自学，课上再通过小组、教师的答疑解惑把学到的内容内化于心最后通过课后的自我巩固、线上的师生交流来巩固学到的知识。这一切都需要教师进行规划教学内容以及教学方法的。与传统的体育教学方法相比，翻转课堂的教学模式对老师的全方面素养以及能力的要求更加严苛。这要求教师们必须深入到该教学模式中去，只有教师理解了教学的真谛，才能在教学实践中更好的教授学生，使翻转课堂在现实中成为改善我国体育教学局面的重要抓手。

（1）体育老师需要适当的转变自身的教学理念，同时转换自身角色。老师心中的教学理念很大程度上决定着这位老师教授下的课堂形式。一位老师认为体育教学就是学生们在老师的讲授与动作演示下认真听讲加上适当练习。那么这样教学必定是以老师为主角的教学。一位老师认为体育教学是通过课堂知识的讲解与学生的自我谈论、探究，教学目的是培养学生的学习能力与对体育的兴趣。那么这样的课堂一定是探究型的教学课堂。在翻转课堂中，与传统的教学模式相比，师生的角色发生了互换，教师由课堂的主导者转变为课堂的设计者与参与者。在师生平等的条件下，更有利于激发学生的学习主动性、积极性。在当今时代，教学资源更加丰富，课堂元素的利用形式也更加多样化。与此同时，也在要求教师们需要转变固有的观念，打破传统教学模式的弊端，以进步的眼光来看待新形势下的体育教学，同时及时转换自身的角色。

（2）体育老师需要努力提高自己的组织沟通能力以及管理水平。老师提高自身的组织水平以及管理水平对于课堂的设计具有重要意义。在翻转课堂中，老师需要对课堂进行设计，从而引导学生们学习教学知识以及技能实践。这需要老师结合教学目标、学生在课前的学习状况以及学生个人的素养等各项要素来综合考虑。除此之外，翻转课堂引入了网络课程的师生在线交流，对老师们的交流沟通能力提出了更高的要求。

（3）体育老师还需要提升自身的课程专业水平以及信息技术应用的能力。体育老师的课程专业水平以及信息技术应用能力的提升对网络在线课堂的使用以及课程资源的开发意义重大。在翻转课堂中，体育老师一方面是网络在线课堂的使用者，另一方面也是管理者和建设者。这都要求老师们有更高的课程专业水平以及信息技术应用的能力，因为这是翻转课堂参与到体育课堂的实践中的必要条件。

4. 切实做好安全防范工作

安全问题在翻转课堂中需要得到格外的重视。不可否认地，体育运动中学生们不可避免的都有可能会受伤，老师们要做的就是尽量减少受伤的概率，保证教学的安全性。在课程开始前，老师需要结合教学内容以及学生的个体素质充分评估教学过程中的不安全因素，同时在网络在线课堂、实践教学等课堂形式中通过语言文字、PPT、动画等来告知学生如何进行科学运动训练，避免受伤。老师还可以面对面进行错误动作示范、训练过程中观察指导等来确保安全性。

5. 追求体育课堂实效，避免异化翻转课堂

（1）不能过分地重视学生主体的作用而忽视了教师的作用。在课堂上，教师的作用仍然是不可忽视的，否则课堂与教育将不复存在。翻转课堂强调以学生为主体的同时仍然需要教师在课堂中投入大量的精力和时间，新的教学模式下学生虽然获得了更多的自主的时间来学习，但是老师的作用不但没有被弱化，反而还需要进一步的增强。这些增强具体体现在翻转课堂的课前、课中以及课后。在课前，老师需要进行教学资料的收集、课上上课形式以及具体安排的设计、网络课堂的运营管理等；在课中，老师需要对教学内容进行进一步的讲解与技能动作的示范、组织进行各项技能训练；在课后，老师需要对学生的学习成果进行归纳总结与评价、教学设计的改进等工作。可以说，老师在课堂的每一个阶段还是在辛勤地付出。假如我们过度强调学生的主体性而忽视老师的作用，最终就会导致学生无人指导、无人约束的放羊式局面，不利于体育教学的开展与进步。

（2）加强学生课前、课外学习情况的跟踪管理。翻转课堂这一教学形式实施效果良好是基于学生自觉学习的基础之上的。然而并不是每一位学生都能够做到这一点。这就需要老师们在课前、课外的时间段对学生们的学习情况多加了解与掌握。老师们做好学习情况的跟踪管理一方面有利于学生养成自主学习的好习惯，另一方面有利于学生对教学内容进行全面的掌握。

（3）重视培养学生的综合能力，走出单纯强调教学内容的误区。翻转课堂这一教学模式与传统教学模式相比不仅仅在于其能有效提高教学效能等，还在于其能帮助学生提高自身的综合素养以及能力。翻转课堂的各个阶段，我们不能只看重学生在某一环节的教学内容学习的效果如何，还要看学生在学习过程中是否锻炼了自身的沟通交流能力、团结协作能力、运用表达能力、创新意识等。这些学生个人综合素养能力的锻炼加上教学内容的全面掌握才是翻转课堂的教学目的。

（4）尊重体育课程的课程特点，不能完全使用其他的学科教学经验。学科属性不同，教学方式方法等难免就有差异。如今体育教学理论与经验大多源于其他的学科，学科之间可以借鉴，但必须尊重特征与差异。适用于其他学科的经验做法不见得在体育教学中能得到很好的效果。这就需要我们在教学过程中，把握好体育学科的特征，再通过吸收借鉴其他学科教学方法的优点和经验，帮助体育学科教学更进一步，切记不能照葫芦画瓢，得不偿失。

翻转课堂具有模式新、方法新、理念新的特点，体现了信息化社会对教育形态的巨大影响。如果在体育教学方面应用翻转课堂，不但可以进一步地解决当前体育教学中存在的一些陈年顽疾，还可以显著地提高体育课堂的教学水平。当然，虽然是将翻转课堂应用于体育教学，但是仍旧应当将追求体育教学实际效果作为其根本目标。过分地追求翻转课堂在体育教学中的实施的教育形式只是舍本逐末。新事物出现的初期总是充满困难和波折的，对翻转课堂进行研究并且将其引入到体育教学之中，即使是在提倡教学改革的如今，也说不得是一次有益的试炼。面对出现的各种问题以及挑战，我们应当勇于接受、努力克服，将工作实际和翻转课堂在教学中的发展状况结合，不断地克服障碍、改进不足，以此来提高我国体育教学的质量，促进教学形式的转型。

五、中国式翻转课堂的未来发展

2015 年 7 月，国务院在《关于积极推进"互联网+"行动的指导意见》中明确提出，"互联网+"教育环境下"教"与"学"需要以互联网为中心而展开，当"互联网+"与传统教学相结合，传统的教育内容、教育模式、教育评价等方面在内容、方式都会有很大的改变。

《教育部信息化"十三五"规划》也有明确指出，全面推进职业教育信息化的发展是当前教育工作的重中之重。

将教学与实际相结合，在教学中引进实际部分让学生更有目标性。要在内容、方法等方面进行彻底改变，大胆深入研究，要按照项目的指引、任务的原动力的课程理念，培育合格人才。

（一）理论阐述

所谓项目式教学法是一种理实结合、工学结合、任务动力、科目主导相统一的新型教学模式。在整个实践过程中，主体教师只负责引导，由学生自主进行操作。由此体现项目式教学兼具综合性和开放性。

（二）基于"互联网+"的中国式翻转课堂教学模式

1．"互联网+"的真实特征

"+"，一方面是科学技术上的"+"，一方面是思想、理念、模式上的"+"。当前教育环境的研究，既有技术上的"+"，同时结合理念上的"+"。对于"互联网+"的特征体现在以下三方面：

（1）内容多元化。在传统课堂上，教学内容是学与教之间信息的相互表达。这种表达不仅是实践标准、素材也是课程实践本身。只是现在网络共享，不局限课程等资源的开放，自我主动的需求者可以在这上面找到想要的任何所需素材，而且资源的形式也是多种多样；并且，高端技术的广泛化和智能机普遍化，自我主动学习的人越来越习惯这种智能机的使用，方便快捷，有效利用零碎的时间。实践的内容更不只来源于教材，还可以从不同的角度、不同的定位、不同的层次选择实践内容，使自我主动学习更容易收集素材，视野思维得到扩展。

（2）空间转变多样化。伴随着网络的兴起，高端智能设备的进一步使用。这种形式给予了复合式学习不一样的意义，学习者想要学习随时随地都可以进行学习，不再受时间、地域等的限制。

（3）评价真实化。这种网络共享集合了所有的要素、对比分析、技术评估等，自我主动的学习使用的次数、发表意见、采纳建议的情况，都可以具体的数据化。实践主体能通过对数据、对比分析值、评估情况掌握主动学习者的学习情况，学习兴趣以便更好地做出正确决策或适度调整。在网络上，实践主体通过对数据、兴趣、热点问题的讨论、平时的作业单元测试情况，就能判断出学生是否主动、努力投入到学习中，在网络之外就是真实的具体操作，是显而易见的评价。

2. "互联网+"组成特征

在面对面的教学实践中，实践过程中的秩序、活动节奏的有效把握，均有较高的要求，在网络实践的区域范围内，特别强调以客体为中心，一次组成教学的环境，对于自我主动学习的人的自我化发展很有帮助。

不是只有在网络上，还可以使用微信平台，随时学习，便于管理、开发资源等多位一体的个性化、人性化、便利化、迅速化的教学形式。

连接工具、学习工具、教学工具、管理工具、价值发现工具、资源共享工具，组成了多位一体的学习环境，打破原有形式，有利于技能专业教育的实践形式得到快速发展（见图3-1）。网络集合了连接、管理、价值发现、资源等于一体的区域。这个平台可以使教学主体提高实践效率；管理得到提高，易于学生、家长的相互理解。

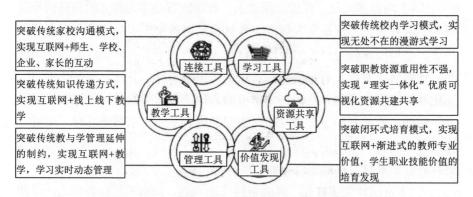

图3-1 "六位一体"的"互联网+"教学形式

3. 网络课堂形式设计

科目的实践一般包括几个阶段：科目选择、预期、活动、制作过程、互相交流以及最后的评价。这六个阶段融入翻转课堂的教学环节过程，包括课前、课中、课后。单一的实践的特点就是在课前把要学的知识了解一遍，把它内销，在过程中把之前的难点再加以解决即可，更有针对性。根据单一课堂的特征，把其应用到实践中，针对项目式教学现状的不足，利用这种课程的优势，使其以更高效的形式得以展示（见图3-2）。

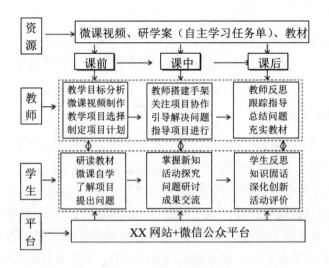

图3-2 基于"互联网+"的项目式翻转课堂教学模式图

（1）课堂准备。讲前，首先，实践主体是教师，应该提前准备好素材，应该包含有重点、有难点的短课影音和预教案，要把这些前期引学素材上传到网络，然后自我主动学习的就可以通过登录自己的账号，进行预习，了解跟进项目的进展，可以向主体对相关难点进行提问，主客之间，学生与学生之间便于互动。

（2）课堂步骤。过程中，讲授的主体可以用网络的区域自己为客体设置学习的情景，也可设置障碍，主体要进行分步骤、分组，要明确重、难点，当客体参与其中后，所有相关的问题均可在这方网络区域进行互动，课题有好的影音作品也可上传到这个区域，进行交流，主体最后要对可提问的问题进行解惑，并给出评价。

（3）课堂反思。完成后，实践主体应该把这个网络区域的要素汇总，进行节后反思，补充自己素材中学生大多质疑的部分，并追踪指导，也可个别讲授。同样的客体可以一直保留着在这个区域的所有记录，自己的问题反思，主体的回馈，并吸收准确的评价、建议。实践主体对客体的评价应是网络上和线下混合式完成的，把网络上的浏览次数、交流内容、与线下实践中的具体成绩共同加入评价中，两者按比例折合计算学生的成绩。

（三）基于"互联网+"的中国式翻转课堂教学模式应用案例

所谓翻转课堂的教学的方法，是把所有大的、总的工作任务、技能进行拆分，拆分成一个又一个的独立小问题，最后把每个小任务的工作再进行重新结合。

1．课前活动

在单一的实践过程中，知识的学习主要的渠道就是客体学生通过对网络的素材翻阅，了解讲授内容，观看主体之前上传的素材。

（1）主体准备阶段。教师登录共享网络区域，组成自己学科的科目，在首页列出这阶段的项目任务；利用 Flash 或者影音效果图简单项目介绍。

（2）客体自主学习。实践的客体要主动查找相关素材、影音、短课，按照自己初步掌握情况，检测自己的学习效果，学生可以反复观看直到充分明白，还可以选择性看拓展材料进行个性化学习，仔细观看项目的流程并记下疑难点，也可以在区域内与同学老师交流。

2．课中活动

（1）跟踪检验。在实践教学之前，教学主体通过这个区域能充分知道，每个参与者的预习情况，提出几个典型问题认识学生课前学习情况，并让学生自己讨论交流一起解决。然后利用平台分析学习要点，解答学生的疑问。

（2）深入探究。通过跟踪检验，实践过程中教师已经通过平台大概知道学生的情况、解决的情况，先讲解重、难处，发放素材，组织配合，共同探讨，问题解决和写作交流工具，问题解决策略指导并监控进度，实践过程中教师主要针对出现的问题进行组织，解决问题。学生可以在平台上展开讨论并将自己做的作业拍成视频并上传，教师要及时并做出评价。考虑到学生水平和能力不一样，所以要进行分组，根据实践参与人数确定小组个数，利用平台标记每次分组情况。这样教师可以记录并查看每次学生的分组情况。

（3）成果共享。实践完成后，要及时检测学生的吸收情况，要让学生把自己的完成结果上传到共享区域，要选择代表对此次项目做出总结，包括项目的流程、问题以及解决和改进，加深对项目的理解。另外，项目讨论交流也可以使学生表达自己心中所想。

3．课后活动

（1）成果评价。成果评价主要分线上评价和线下评价两部分，由教师和学生制定好的评价标准和比例进行测评。线上评价主要按照客体在这个区域的参与程度、实践完成的作品的分数，开课前的自学测试。线下评价主要是课堂面对面的参与，包括学生的具体实践的情况，根据线上、线下的综合测评，最终得出学生的成绩。

（2）反思总结。实践完成后，实践主体要通过网络上课前准备到客体接受效果进行汇总反思，再将出现的疑问进行梳理，完善教材以便改进自己以后的教学。实践完成后在网络区域内修改客体作品，课后在平台批改学生作品、给学生作品进行评价并按照相应比例打分。客体要通过教师的修改进行再创作。

"互联网+"思维和翻转课堂的项目式教学模式科学地改变了原有的教学形式。

第四章　信息化时代体育教学方法的创新与发展探索

现代体育教学改革与发展是与当下的教育发展、体育发展以及文化、科技的发展密切结合的。体育教学方法是体育教学系统的重要组成部分，教学方法的运用和创新等也同样受上述几种动态要素的影响，尤其是在当前信息化时代，许多新的教学方法应运而生，并在体育教学实践中得到应用，收到了不错的教学效果。本章主要就体育教学方法的相关内容进行分析，在阐述体育教学方法基本理论知识的基础上，对传统教学方法与信息化教学方法在体育教学实践中的应用进行深入分析，并就体育教学方法的具体选择、优化与发展进行探讨，以为教师科学选用教学方法提供理论与实践指导，进而不断提高教学质量、优化教学效果。

第一节　体育教学方法概述

一、教学方法与体育教学方法

（一）教学方法

所谓方法，指人们为达到某种目的或是获得某种东西而采取的手段和行为方式。

教学方法是一种行为或操作体系，教学方法有广义和狭义之分。广义的教学方法包括教师的教和学生的学两个层面的具体方法，是指师生为实现课堂教学目标和完成教学任务而采用的所有方法。狭义的教学方法专指教师层面的为促进教学过程顺利开展而使用的各种方法的综合。

本节主要介绍狭义层面的教学方法。

（二）体育教学方法

体育教学方法是在体育教学中所采用的教学方法，是体育教学系统中的一个重要构成要素。国内外学者很早就开始进行关于体育教学方法的研究，在研究过程中诸多专家和学者对体育教学方法概念界定有以下共识。

（1）体育教学方法是体育教学系统的重要组成部分。

（2）体育教学方法与体育教学系统其他要素之间具有非常密切的关系。体育教学方法服务于体育教学目标和体育教学任务，体育教学方法应与体育教学目标之间保持密切的联系。如果将两者割裂开来，那么，体育教学方法没有明确的方向，会表现出一定的盲目性。而体育教学目标任务如果脱离了体育教学方法，则不能得到有效实现。教学方法的实施应能够促进体育教学目标和任务的实现。同时，体育教学方法又受体育教学内容的制约。

（3）体育教学方法是教与学的统一。只有师生之间实现有效的双边互动，才能够更好地发挥体育教学方法的价值与作用。教师和学生是教学活动的主体，教师和学生之间具有密切的关系，在师生的双边互动中，体育教学方法和手段都是针对学生来选择与运用的，通过科学体育教学方法的选用，促进体育教学的任务和目标逐步实现。

（4）体育教学方法受到特定的教学理论的指导。

（5）与其他科目教学方法相比，体育教学方法在注重教学语言要素的同时，更加注重动作要素。体育教学过程中各种动作的掌握和熟练都需要教师进行示范、讲解以及纠正，并在此基础上学生重复进行练习，才能最终掌握相应的技术动作。因此，体育教学方法是教师和学生的动作和行为的总和。

我国学者对体育教学方法的概念界定以龚正伟为代表，其对体育教学方法的概念描述受到广泛认可。龚正伟研究认为，体育教学方法是在一定的体育教学思想指导下的教学方式、方法以及组织形式等的总和、总体。[①]

---

① 龚正伟.体育教学论[M].北京：北京体育大学出版社，2008.

二、体育教学方法的特点

(一) 师生互动性

体育教学过程中教师与学生是教学活动重要的参与者，是体育教学双边活动的重要的两个主体。体育教学方法实现了教师活动与学生活动的沟通。

从体育教学师生双边教学关系来看，体育教学方法是体育教学中师生双方行为动作的体系、是有计划的外部行为或操作体系。体育教学方法是在师生互动中得到贯彻与实施的，体育教学方法也是师生之间行为动作总和的体系。

体育教学方法的互动性主要体现在以下三个方面：

（1）体育教学过程中的师生互动是教师和学生双边互动的过程，教学活动围绕教师的"教"和学生的"学"这两个方面展开，教法方法贯穿师生双边活动的整个过程。

（2）体育教学方法包括教师和学生两个方面的内容。体育教学的方法既包括教师的"教"法，也包括学生的"学"法，两者对教学效果均具有重要的意义。

（3）体育教学方法体系中教师的教法与学生的学法是相互联系、相互依存、相互影响的。

(二) 实践可操作性

体育教学不同于一般学科教学，教学方法更多的是关注学生的身体操作的方法。与其他学科的教学方法相比，体育教学方法具有鲜明的实践性和操作性特点，身体运动是教学的主要方式。因此，体育教学方法必须具有指导学生身体的实践可操作性。

体育教学方法的实践可操作性特点要求体育教学方法实施如下：

（1）体育教学方法必须是可操作性的、实践性强的，否则，将不能在体育教学实践中得到应用。

（2）在体育教学过程中教学方法必须与教学实践相结合，体育教师在安排教学方法时必须根据体育活动的具体实践形式进行，并根据教学实际对教学方法进行修正。

（3）体育教学方法的操作实施应以体育教学可操作性理论和思想为指导，但不能仅停留在理论指导层面。

（三）感官协作性

体育教学重视身体的练习，而对于个体的身体运动来说，感官的感知非常重要。不同感官在为运动者提供运动信息方面发挥着重要作用，而指导学生身体练习的体育教学方法也需要充分调动学生的各种感官，并促进不同感官的协作。这就充分说明了体育教学方法的感官协作性特征。

体育教学的过程就是学生通过各种感觉器官接收教师发出的各种信息。

体育教学方法的具体操作实施中感官协作的调动要求如下：

（1）基于身体练习的体育教学方法实施，需要师生充分发挥其动觉、视觉、听觉、触觉等方面的功能，在多器官的参与下，通过不同形式的身体运动来掌握相应的技能。

（2）体育教学的方法应注重对人体的各感觉器官的充分调动，在多种器官的共同参与下，机体对信息的接收量增加，能够促使神经中枢系统更好地控制人体的运动，从而能够取得更好的体育教学效果。

（3）体育教学方法应兼顾身体操作的感官信息收集，也要重视通过对感官的调动来促进学生的认知因素和非认知因素对体育学练作用的发挥。

（四）感知、思维和身体练习紧密结合性

体育教学方法的实施是感知、思维和练习三者的有机结合。这是由体育教学的体育属性所决定的。

体育教学过程中感知是基础，思维是核心，身体练习和动作自动化是结果，充分反映体育教学过程的认识与实践、心理与身体有机结合。

现代体育教学方法在体育教学中的应用也应体现出感知、思维和练习三者的结合，在教学方法的选用方面应充分考虑体育教学活动具有认识与实践、心理与身体活动相结合的特点。不能简单地认为体育教学活动只是身体的活动而无感知和思维的参与。

（五）动静交错性

体育教学方法的动静交错性符合学生的学习规律，教学方法实施过程中对于动静的充分调动和交错发展，有助于提高学生的学习效率。

从学习的一般规律来看,在体育教学中学生通过感知动作,通过思考、记忆、分析等心理活动掌握动作技术概念和运动技能。在体育教学中学生生理方面和心理方面都要持续不断地受到刺激,并承受一定的负荷,长时间下来就会容易疲劳,而疲劳的产生会导致学生学习兴趣和学习效率的下降。因此,在教学过程中教师应注意合理组织和实施教学,使学生运动与休息合理交替进行。

通常体育课中的积极性休息比消极性休息更有利于减轻或消除疲劳。因此,在教学实践活动结束后,教师应多安排积极性休息,以利于学生机体功能的恢复。

(六)时空功效性

教学是一个系统、渐进的过程,体育教学也不例外。体育学习需要长期坚持,根据不同年龄和不同教学目标,体育教学也可以划分为不同的阶段。不同阶段具有不同的特点,应选用不同的教学方法以促进师生之间的良好互动。

以体育教学的阶段性对体育教学方法的时空功效特点分析如下:

(1)体育教学的开始阶段,教师处于教学活动的主导地位,指导学生进行相应的学习活动,进行相应的分析、示范和指导。该阶段教学方法主要以游戏方法、讲解方法为主,教学任务在于培养学生体育学练兴趣、正确理解体育理论知识。

(2)体育教学中期,学生的主体作用在不断增强,学生通过认知、分析和练习掌握相应的知识和技能。该阶段体育教学方法的运用应有助于学生的认知思维的发展和调动,并有助于促进学生积极探索、发现及合作学习。

(3)体育教学的结束阶段,教师进行相应的总结和分析。并对学生的学习状况进行相应的评价和分析。就体育技能教学来说,竞赛教学方法经常在这一阶段被采用。

总之,体育教学方法随着体育教学活动的不断开展表现出不同的侧重,并反映出一定的时空功效性。

(七)功能多样性

现代体育教学不仅注重学生动作和技术的掌握,以及各方面身体素质的增强,更加注重学生的全面发展。因此,体育教学方法的功能也具有了多样性的特点。

就体育教学实践来说，科学运用多样化的体育教学方法，对于促进体育教学效果的更好实现是十分有利的。

（1）多功能的体育教学方法不仅能够在一定程度上促进学生运动能力的增强，还能够促进学生思想道德品质、心理素质等方面的发展。此外，对于学生的全面发展具有重要的促进作用。

（2）多样化的体育教学方法能满足不同学生的体育学练需求，可实现因材施教，促进学生的个性化发展与提高。

（八）继承发展性

体育教学方法具有继承性和发展性。经过实践验证的有效的教学方法会在一定时期或者长期对促进体育教学发展有效，因此可长期使用。同时，体育教学是一个动态、开放的过程，在体育教学的发展中会有一些新的教学方法不断出现。这就是继承与发展。

（1）体育教学方法的继承性主要体现在体育教学方法是随着体育教学的发展而不断丰富和发展的。一种合理的体育教学方法沿用多年依然具有鲜活的生命力，经过多年的发展依然在教学过程中发挥着巨大的作用。这些有效的教学方法值得人们进行总结、整理和借鉴。

（2）体育教学方法的发展性主要体现在体育教学方法的产生、发展历程中受体育教学工作者教学思想、对教学规律认知、教学经验等的影响，并在实践中不断积累、发展和创新。一些新的教学方法不断被提出，体现出时代特征，也促进体育教学方法体系的丰富与完善。

第二节 传统教学方法与信息化教学方法的应用

一、传统教学方法的应用

（一）语言教学法

1. 讲解教学法

所谓讲解教学法，是指教师通过语言讲解来使学生了解、认识和理解体育运动制胜，技战术的要点、规律、构成等的教学方法。讲解教学法是足球运动教学的常用方法。

体育教学中讲解法主要应用于技术动作的方法和要领、战术配合的方法和要求，以及运用过程中的注意事项等的讲解。

教师运用讲解法应注意以下几点：

（1）讲解要明确。具体是指讲解目的要明确。在体育运动教学中教师对于足球运动教学内容的讲解不能漫无目的，否则会使学生抓不住重点，不能理解教师的用意，导致学习效率低下。

（2）讲解要正确。讲解内容不管是教学、训练原理还是相关的理论知识、最新体育动态，都应准确无误。

（3）讲解要生动。讲解过程中重视对技术动作的形象化描绘，可以适当加入肢体语言帮助学生理解，让学生更深刻地认识技术动作。

（4）讲解要有启发性。教师运用对比、类比、提问等方式进行的启发性教学手段有利于学生积极思维，使学生能够举一反三、触类旁通。让学生将看、听、想、练各种感官动员起来，更好地理解相关的知识，达到学以致用的目的。

（5）讲解内容应有关联性。体育教学中各教学内容具有相关性，教师在相关教学内容的讲解中应充分注意这一点。一些知识体系和动作技术不能将其孤立起来，要注重启发学生的发散性思维和创造性思维，使学生能够触类旁通、举一反三，更好地理解相关的知识，并通过旧知识的学习，加深对新知识的理解。

（6）注意讲解时机与效果。具体来说，在学生注意力集中时讲解，在学生练习时或背对教师时尽量少讲解或不讲解。

（7）讲解要深入浅出，便于学生理解。

2. 口头评价法

口头评价也是一种体育教学中重要的语言方法，多用于体育实践课的教学，具体教学方法实施为对学生的动作完成情况以及课堂表现给予口头评价。

体育教学中，教师常运用的口头评价可分为以下两种。

（1）积极性口头评价。教师使用积极性的语言肯定学生的学习，有助于在一定程度上激发学生的积极性，促进教学活动更好开展。使用积极性评价应中肯，不能夸大成绩。

（2）消极性口头评价。教师重点在于指出学生的不足，并指出学生应提高的方法和努力的方向，但要注重语气和口气，以免伤害学生的自尊心和自信心。

3. 口令、指示法

在体育教学实践中需要借助简短有力的语言提醒、指导学生进行相应的体育技术动作的学练。这就是口令和指示法在体育教学中的运用。

体育教学中的口令、指示使用应与专项运动特点相符。不同运动项目教学中的口令、指示词语举例如下。

（1）一般队列中的"立正""跑""向右看齐"等口令的运用。

（2）足球战术教学中的"跟上""堵截""插上"等。

（3）健美操教学中的"抬头""双手举起""相反动作"等。

（4）传统武术教学中的"腕点""提膝""蹦"等。

（二）直观教学法

直观教学法，具体是指通过刺激学生不同感官来引起相应的感知，加深学生认知的教学方法。目前，在体育教学中运用广泛的主要有以下几种。

1. 示范法

示范法是指教师在体育教学中以自身的动作作为技术动作教学的范例，对学生的训练进行指导的方法。

体育教学中示范教学法的应用要求如下：

（1）示范目的要明确。动作示范要突出教学的重点和难点，而且对于技术基础差的学生还应注意适度。对于低年级或者基础较弱的学生，过多的示范往往会对他们识记、辨别、记忆动作产生影响，导致他们提取信息失败。因此，在教学初期要将示范放在重点和关键技术动作上，使学生明确教学重点。

（2）示范要准确、熟练。教师可亲自进行示范，也可指定相应的学生进行动作示范。但无论谁进行动作示范，都要做到准确、优美、熟练。

（3）示范要有效。具体来说，就是便于学生观察。在体育运动教学中技术动作示范应便于学生观察，否则，就是无效的示范，学生就不能学习到正确的技术动作。

（4）示范、讲解与启发学生思维相结合。通过示范、讲解，充分发挥学生的多感官的作用，促进学生对技术动作的理解。此外，通过对技术规律、特点等的讲解，教师还可以引导和发散学生大脑思维，更有效地促进学生对重点体育技术环节、结构、规律、特点等的理解，使学生提高各感官对体育学练信息的接受能力。

2. 直观教具与模型演示法

体育教学中教师可以采用图表、照片和模型等直观方法进行辅助教学。运用这些教学工具能够使学生更加易于理解相应的技术结构和动作形象。

对于一些对抗性体育运动的战术教学，如战术配合与战术实施，常采用模型演示的方式进行讲解。

3. 助力与阻力教学法

助力与阻力教学法是指教师在体育教学过程中借助外力使学生通过触觉和肌肉的本体感觉体验正确的动作用力时机、用力大小、用力方向、动作时空特征等的教学方法。该教学法主要应用于体育重点和难度技术动作的教学。

（三）完整教学法

完整教学法是指完整地进行整个技术动作的教学的方法。具体来说，就是在各体育运动项目的技术教学中从动作开始到结束，完整地进行教学和练习。通常来说，在技术动作的难度不高、技术动作不可分解、首次动作示范时都会采用完整法。

完整体育教学法的应用要求如下：

（1）讲解要领后直接运用。体育教学过程中教师通过对技术动作的分解讲解后，示范整个技术动作，使学生能完整流畅地模仿技术动作。

（2）强调动作练习重点。体育技战术的实践课教学过程中，对于较为复杂的动作教师应明确讲解、重点示范，使学生正确把握技术动作难点。

（3）降低动作练习难度。降低动作难度以便于学生完整练习，建立正确动作定型后逐渐增加难度，再进行标准难度的完整训练。

（4）难度技术动作的完整教学应建立在详细讲解的基础上。

（四）分解教学法

分解教学法是与完整教学法相对的一种体育教学方法，具体是指将完整的动作划分为几个部分，逐步使学生掌握完整动作技术的方法。

分解教学的实践应用要求如下：

（1）合理分解动作。教师在对体育技术进行分解的过程中不能割裂技术环节之间的逻辑关系，要保证技术动作各环节的相对完整性。

（2）注意动作技术环节的关联。技术动作分解的过程中要注意相连的两个技术动作环节之间的关联，使上一个技术动作的学习有助于为下一个技术动作学习奠定基础，并做好两个技术动作之间的衔接。

（3）技术分解应以完整的技术概念为基础，否则，就不能合理把握整个技术动作。

完整教学法与分解教学法主要在体育教学中的技战术教学中运用，二者通常结合使用。

（五）预防与纠正错误教学法

预防与纠正错误教学法是教师分析学生学习过程中可能出现的各种错误及其原因，预先采取有效的教学手段，及时、合理避免学生产生相关错误并及时纠正的教学方法。

就教学方法运用的时间来看，预防具有一定的超前性，纠错具有鲜明的针对性，预防和纠错是相互联系、结合使用的。

预防和纠正错误教学法的科学实施如下：

（1）科学讲解原理、示范动作，强化概念。教师要注意通过加强讲解、示范、对比等强化正确的动作概念，促使学生形成正确的动作表象。

（2）信号提示。在学生练习技术动作经常出现错误时，教师应充分利用听觉信号、口头信号、视觉信号等提示学生正确的发力时间、用力节奏、动作方向、动作幅度等。

（3）降低难度。通过降低动作难度来避免学生由于体能水平不高、紧张心理、认识不足等原因导致的动作错误。

（4）外力帮助。针对学生对用力部位、用力大小、用力方向、用力幅度不清楚出现的错误动作，教师可运用推、拉、托、顶、送、挡、拨等外力，帮助学生体会正确动作的本体感觉以纠正错误。

（5）注意纠错语气、用词、方式方法的运用，不要打击学生学习的积极性。

（6）培养学生的思维能力，引导学生发现问题并解决问题。

（7）纠错后重视学生的技战术的改进方法指导。

（六）程序教学法

根据认知规律、技能形成与发展规律，在体育运动教学中将体育教学内容分成若干个步骤，依次按照顺序来完成体育教学的方法即为程序教学法。

在体育教学实践中，程序教学法的科学运用应注意以下两点：

（1）教师应合理分解各种教学程序，逐步有序开展教学。

（2）教师应重视各个教学阶段中学生的学习反馈，使学生科学、有序地完成整个体育学习。

（七）发现式教学法

发现式教学法是一种有组织、分步实施的，通过积极引导学生进行创造性思维，结合发现的步骤，以解决问题为中心和目的的一种教学方法。

发现式教学方法的教学步骤具体为提出问题→练习尝试题→分组讨论题→解决问题。

发现式教学法的科学应用要求如下：

（1）教师要善于提出相应的问题和创设相应的情景。

（2）教师提出的问题应适应学生的能力水平。

（3）科学设计教学过程。

（4）营造良好教学氛围，充分调动和激发学生的积极性。

（5）分步骤教学抓住重点。

（6）重视体育教学环境的教师关键性引导。

（八）探究教学法

探究教学法是教师在体育教学过程中引导学生发现问题、分析问题，最终解决问题，使学生在积极探索、研究的过程中获得知识和掌握技能的教学方法。

探究教学法的应用要求如下：

（1）重视探究的条件开发与创作。具体来说，要求学生在教学课开始前进行预习、调查、发现、分析与探索，教师在课堂上应给予学生探究、交流的时间、机会。

（2）探究教学过程中教师应加强引导学生发现问题，但不能代替学生探究。

（3）不能为探究而探究，探究要讲究实效，避免形式化、绝对化、片面化。[①]

（九）案例教学法

案例教学法是指教师在教学中通过列举具体的案例帮助学生更清晰、更深刻地认识教学内容的教学方法。

案例教学通常用于战术配合和战术组织教学，通过典型案例的讲解分析与实践练习，让学生掌握战术的适用情况、应用目的和应用效果。

案例教学法的应用要求如下：

（1）按照教学大纲的要求，有针对性地选择比赛中比较精彩的典型战例作为教材内容。

（2）在教学过程中对这些案例进行深入的分析，使学生尽快建立起相关概念。

（3）教师调动学生的积极性，活跃课堂气氛，组织集体练习，促使学生主动完成学习任务。

（十）游戏教学法

游戏教学法是指教师利用组织游戏的方法使学生完成预定教学任务的教学方法。

游戏教学法科学应用要求如下：

（1）游戏选择应遵循体育教学的本质，游戏规则与要求应合理。

（2）游戏不能脱离教学本质，不能单纯为了游戏而组织游戏，游戏应与教学内容相关。

---

① 刚红光."探究式教学法"体育教学巾的应用[J].现代企业教育，2011（22）：185-186.

（3）在组织的游戏中应制定相应的规则与要求。

（4）教师应要求全体学生遵守游戏规则，在此基础上鼓励学生创造、创新。

（5）教师应做好游戏评判工作，公开、公平、公正地评价学生在游戏中的表现。

（6）注意游戏负荷控制，避免学生过度疲劳。

（7）游戏过程中要重视学生的安全教育。

（十一）竞赛教学法

竞赛教学法是指教师在组织教学活动时，创造比赛的条件来组织学生进行练习的教学方法。竞赛教学法利于最大限度地促进学生机体功能的发挥，有利于培养学生不畏艰难、积极向上、敢于拼搏的良好道德品质。

运用竞赛教学法应注意以下事项：

（1）明确竞赛目的。通过体育竞赛切实提高学生的体育技能水平。

（2）合理分组。体育竞赛的分组应合理，各对抗队的实力应相当。

（3）竞赛过程中教师应结合竞赛规则和技术动作标准等，对学生完成动作的质量予以客观的评判。

（4）竞赛教学法对学生的体育技能水平要求较高，应在学生熟练掌握技术后开展。

（5）竞赛结束后体育教师要对学生的整体表现和技术掌握情况进行综合评价，并指出改进的方向和方法。

（6）竞赛过程中要重视学生的安全教育。

二、信息化教学方法的应用

科学技术在体育教学中的应用对体育教学有重要的影响。现阶段随着人类社会向信息化时代的迈进，体育教学为整个社会的发展带来了巨大的影响，体育教学是人类社会科教文化领域的重要组成部分，也在很大程度上受到了现代科技的影响。

在体育教学领域，依托现代信息科技兴起的新的体育教学方法逐渐得到广泛应用。

（一）讲授—演播法

1. 讲授演播法的概念与特点

讲授演播法是对传统体育教学方法的组合运用，并充分结合了现代信息媒体技术，使得体育教学更加生动、形象。具体来说，讲授演播法是将教师的讲授与播放媒体相结合的教学方法。该种教学方法中对信息的识别和运用是非常明确的。

（1）讲授（讲解）是传统体育教学中最常见、最普遍的方法。教师的语言表达是传递教学信息的最基本途径。借助于现代教育媒体，为教师的讲解增添了现代化的色彩，讲授、讲解能充分发挥教师语言表达的优势，渗透教师个人的语言特色和魅力，将体育教学内容全面、生动、形象、高效地传递给学生。

（2）借助于现代媒体的演播可以让学生看到和听到所学的事物和现象，在教师口头讲授的同时，利用媒体手段把抽象的内容生动地表现出来，既增加了教师对信息的表达能力，又丰富了学生获得信息的形式。

总之，讲授—演播法把讲授的特点与媒体播放的特点结合起来，使得传统体育教学中单纯依靠学生看教材内容、听老师讲解、在黑板上板书绘画的呆板教学转变为丰富多彩呈现事物和现象的图像和声音，增加感性的材料。媒体的播放围绕讲授而展开；讲授结合媒体的播放而进行。整个体育教学过程更加轻松、愉快、高效。

2. 讲授—演播法在体育教学中的科学应用

当前在体育教学实践中，讲授演播法的应用步骤主要有以下两种模式。

讲授—演播法的第一种实施模式：

（1）唤起回忆、引入课题。利用媒体展示事物的图像，引起对该事物回忆的同时引入课题。

（2）提出问题、锁定任务。教师在对事物进行介绍的基础上提出问题，引出和锁定本节课的任务。

（3）进行活动、实现目标。播放媒体给学生观看相关的视听内容，并指导学生阅读材料，通过思考、回答等活动实现教学目标。

（4）总结完善。利用投影，结合简要语言概括。

讲授—演播法的第二种实施模式：

（1）引入课题。用媒体展示事物形象，抛出问题。

（2）转化概念。把形象事物转化成抽象概念。

（3）学生活动。教师提供新材料，引导学生思考、议论。

（4）教师总结。教师总结。

（5）概念应用。学生用已学知识解决问题。

讲授—演播法对教师的语言表达能力和现代教学新媒体的操作使用能力都有较高的要求。同时，要求学生具有较高的学习自觉性和听讲的能力。

3．讲授—演播法的应用注意

（1）明确观看录像目的。使学生知道看什么，怎么看，为什么看，提高学生接收信息的准确程度。

（2）通过观看录像，找出差距，使学生明确自己的程度，激发学生积极进取的学习欲望。

（二）探究—发现教学法

1．探究—发现教学法的概念与特点

探究教学法和发现教学法都是早已出现并在体育教学实践中运用了近20年的教学方法，故而将其归为传统教学法。

探究—发现教学方法，具体是对探究教学方法和发现教学方法的有机结合使用，是一种教学方法创新。更重要的是，在该教学方法中使得现代媒体发挥了重要的作用，并在教学过程中引导学生发现问题、分析问题，最终解决问题。探究——发现教学方法是一种以培养学生创新和实践能力为目的的教学方法。

探究—发现教学法的教学特点主要体现在以下几个方面。

（1）探究——发现教学法是一个发现问题、提出问题和解决问题的学习活动过程。

（2）该方法学习者通过亲身活动提出问题、发现答案、解决问题，因此，获得的知识印象深刻、不容易忘记。

（3）该教学方法对于发展学生的分析、综合和评价等高级思维能力，培养学生发散性和创造性思维能力具有重要促进作用。

（4）该方法能引导学生亲身发现科学知识，能更好地理解科学的本质。

（5）该教学方法的实施过程中教师只提供指导。

2. 探究—发现教学法在体育教学实践中的应用

依托现代信息技术的探究—发现教学法在教师的安排和指导下，主要由学生借助现代教育媒体进行探索、发现问题，从而掌握知识。该方法的具体实施过程如下。

（1）教师借助现代教育媒体设置问题情境，提出促使学生思考的问题。

（2）教师通过讲解让学生了解探究—发现的基本技能，提出探究与发现的基本要求，让学生掌握进行探究与发现的工具。

（3）教师向学生提供有关需要探究或发现的问题情境，引导学生关注有关的主题，并向学生提供必需的学习材料，以便让学生熟悉任务，进入问题情境之中。

（4）学生在教师的要求和引导下，结合过去的知识和经验自行发现问题，确定探究的方向。

（5）教师为学生提供必要的信息检索指南、专业网站的地址等，使学生利用现代教育媒体去收集、查询有关信息，寻找问题答案。

（6）学生通过各种途径、形式自行收集资料，如参考和实地考察、调查和采访、进行实验、查阅文献、观看影视录像、个案追踪分析等，并对收集到的数据资源进行筛选、归类、统计、分析、比较，得出结论或答案，最终解决问题。

（7）教师对学生得出的结论或答案进行点评和总结。

现代信息化体育教学中，探究—发现法的应用要求教师应具有较强的应变能力和运用现代教育媒体的能力，同时，要求学生具备自主学习能力和信息技术应用能力，尤其是计算机和网络通信技术的应用能力。

（三）模拟教学法

模拟教学法是用一种模型去模拟另一系统，并借助模型，通过实践进行方案比较的一种"逐次逼近"的最佳方法。

一般的模拟法主要适用于体育实践课的教学，模拟的内容也是多方面的。如对技战术实施过程的动画模拟，对竞赛场景的声音、画面模拟，对运动员的机体受力的模拟，对学习者的学习规律、过程等的理论讲解框架模拟。

在信息化体育教学中结合不同的体育教学内容，对具体情况的模拟需要用到多种现代教学媒体和设备，对此，教师必须做到熟练掌握各种现代化教学器材和设备的使用方法。

（四）电化教学法

1. 电化教学法的应用特点与意义

综合运用电教手段，目的在于丰富教学课堂、改善教学气氛，为体育教学创造良好的教学环境，使教师和学生都能更加高效地完成教学任务、学习任务，强化教学效果和提高教学质量。

信息化时代的到来，使得当前的学生在接纳和吸收新的事物的能力方面和以往的学生相比有了很大的提高，传统的教学手段和方式多为集体教学、课堂讲授，比较沉闷，已经不再适合学生。对体育项目而言，应该充分利用电教手段丰富沉闷的课堂教学，调节课堂气氛，营造轻松愉悦的教学氛围，调动学生的学习主动性，让学生以快乐的方式学到教学目标要求的知识。

传统体育教学中受各种因素（如人为因素与环境因素）的影响会制约学生对体育的理解，特别是一些理论性强、太过抽象的东西非常难理解。因此，寻找一个有效的教学切入点至关重要，对此，可以通过电教手段来解决这些难题。如把一些技术动作转化成动画或者用慢动作进行播放，让学生多角度、全方面了解技术动作结构、完成顺序，就变得非常生动和形象。

新时期，在体育教学深化改革的进程中新教学技术在体育教学中的应用是大势所趋，电教手段为体育教学开创了一个更加广阔的教学空间。

2. 电化教学法在体育教学中进一步推广实施面临的问题

当前电视、电影、广播、动画，以及体育训练中的电化仪器和设备的使用对于教师和学生都是一种新的尝试，在体育教学中备受欢迎。但电化教学法在体育教学中的运用还存在诸多问题以待解决。

（1）受传统教学观念影响，体育教学在学校教育中的地位有所上升，但是仍处于弱势地位不受重视，在电教教学资源分配，如多媒体教室配置方面，体育教学排在最后。

（2）体育教学的主要形式为身体力行，以活动学生的身体为主要方式。体育教学的主要目的为培养学生的身心健康，并不会像专业运动队那样对技战术动作或对对手进行系统、细致地分析。因此，需要用到多媒体教学手段的机会并不多。

（3）电教手段教学对体育教师的计算机应用能力要求较高，一些课件的制作对专业性要求较强，而有相当一部分体育教师在这方面的技术知识和水平还不够完善和丰富，操作能力差，无法在教学中熟练使用，影响教学效果。久而久之，体育教师自己会产生畏难情绪，不愿意主动进行电教手段的创新应用了。

（4）现代信息化时代将电教手段引入体育教学，是一种新的教学方法与手段的尝试，尽管这样的尝试很早就开始了，但是到目前为止，和其他学科教学相比，体育教学的电教手段应用还不够普及。针对上述诸多问题，需要体育教学工作者和学校等多方面的努力，如对体育教学多媒体教学课件的开发、学校多媒体教室的建立、政府和社会对教师知识产权研究与开发的保护、加强体育教师综合能力培养等，以使电化教学进一步得到推广与普及。

（五）微型教学法

1. 微型教学法的产生与特点

微型教学法（Microteaching）是一种现代教学技术手段。它提供一个练习环境，使日常复杂的课堂教学得以精简，并能使教师获得大量的反馈意见。

美国斯坦福大学于1963年首创了微型教学法。微型教学法是指教师借助电视摄、录设备培养学生某种技能的教学方法。由于该方法是在小教室中对学生的某种技能进行培训，时间短、规模小，故称之为微型教学。

实践证明，微型教学法符合人类认知规律、行为心理学以及信息论等现代科学基本原理。从某种意义上说，微型教学就是一个信息互动和认识升华的过程。

微型教学法的应用特点如下。

（1）人数少、微型化。由少数学习者5~10人组成"微型课堂"，既容易操作，又可使课堂微型化。

（2）身份模拟。以真实的学生或受训者的同学充当"模拟教师"和"模拟学生"，通过不断轮换学生，以保证每个学生都有充分的机会得到培训和个别指导。

（3）训练时间短，技能单一。被训练者利用 5~10 分钟的时间进行一段"微型课程"的教学实践，从中训练某一两项教学技能。

（4）目的明确，重点突出。在教学中把内容教学技能分解为一个个单一的技能，如提示的技能、演示的技能、板书的技能等。每次针对一种技能进行培训，培训目的明确，重点突出。

（5）借助媒体设备，展示范例，实时记录。在进行"微型课程"的教学实践过程中利用电视摄、录像设备系统展示某项技能的范例，供学生学习和模仿，也可在学生模仿训练时将实践过程记录下来。

（6）反馈及时准确。完成训练后，通过视听系统重放已记录的内容供师生点评分析，让学生及时得到反馈信息。

（7）评价方式多样。评价方式可以是自我评价，也可以是他人评价。

2. 微型教学法在体育教学实践中的应用

体育教学实践中，微型教学时间一般控制在 5~10 分钟。在这数分钟内要求教师或者示范生将平时 40 分钟课堂内容能够在这数分钟内完整呈现，并且使得学生听懂、理解。

教师还可组织学生观看优秀教学技能示范，观看自己的动作练习回放，通过这些信息的反馈进行优劣对比，取长补短，提高教学效果。

需要特别说明的是，体育教学开始后的数分钟内掌握全部教学内容，乍看之下认为不可能，但是微型教学要求在前 2 分钟内将这次所要讲的重点内容提出，之后时间用于讲解、练习。

（六）多媒体教学法

1. 多媒体教学的特点

相比于传统的教学手段，多媒体教学将体育运动相关录像、图片、flash等引入体育课堂教学，效果良好。

（1）多媒体教学技术可以实现一系列连续动作的动态演示，可实现定格、慢放、回放、角度转换等操作，能使教师的体育教学更加形象和生动，使学生更深入地了解、理解和记忆。

（2）在体育教学中，通过播放体育视频可以瞬间抓住学生的兴趣，或引导学生思考，能最大限度地激发学生学习和参与的兴趣。

（3）多媒体教学具有智能性、集成性、储存性等特点，以全数字化的方式加工、处理存储，声音和图像等信息可以长久保存不变质，使用者可以控制自如，师生可随时调用查看，在媒体综合处理上可以实现内容随意跳转，视频、音频自由停放等，更有利于体育教学过程的控制与教学效果的完善。

在体育教学实践中，由于教学形式的不同，肯定不可能采用先在教室里看完由多媒体演示的运动技术，再到操场上进行运动实践的上课形式。但一系列针对各种教学的多媒体设备、软件等应运而生，更加丰富的多媒体教学设备展现出了设备更便携、更方便、更快捷的特点，越来越便携的输出设备（如手机、笔记本电脑、平板电脑等），使得学生在需要时可以观看视频或图片，使体育教学更加便捷、有效。

目前多媒体成为学校教育中不可缺少的手段。

2. 多媒体教学方法设计

利用多媒体开发教学课件主要包括需求分析、教学设计、脚本设计、素材收集与制作、软件编写及评价与修改、使用和发行七个阶段（见图4-1）。

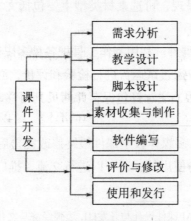

图4-1　利用多媒体开发课件

结合体育教学的多媒体课件应用,这里重点分析以下几个教学准备(阶段):

(1)可教性分析。在设计多媒体教学课件之前,要充分考虑是否有进行多媒体教学的必要。

对于体育教师来说,多媒体教学优点很多,但是否适用值得应用前深思,教师必须明确认识到,制作多媒体课件的目的是优化教学结构、提高教学效率。一些教师为了强调创新,一味地追求最新的技术应用,导致将体育教学变成多媒体成果展览。这显然是对多媒体教学的错误认识。[①]

(2)选择多媒体工具。根据教学内容的需求选择适用的多媒体编辑软件,多媒体的使用应既有利于教师的教,又有利于学生的学。

目前常见的多媒体课堂教学设备和软件、硬件设施有很多种,结合体育教学实践选择最优。例如,如果内容简单、动画少、图片多,可考虑选用PowerPoint演示文稿;如果交互及动画较多、程序复杂,可选用Authorware、Flash等编辑软件。

(3)设计程序脚本。程序脚本是程序运行的文字表述。在多媒体课件制作前,应捋清课程设计主程序、分支运行过程,可以用文字表达出来,再结合脚本组织、收集素材。程序脚本是多媒体课件的框架,有提纲挈领的作用。

(4)收集、整理素材。在多媒体课件制作过程中,教学素材的选择会直接影响课件的表现效果。多媒体课件的素材和内容必须有利于体育教学内容的形象和生动的呈现,可选素材类型主要包括文本、图像、声音、动画、视频等。

(5)制作多媒体课件。利用制作工具把各种多媒体素材集成制作为一个课件,课件完成后应通过试运行进行检验和评价,必要时应做修改。[②]

多媒体课件完成后,注意打包保存并拷贝到可移动设备中,以方便在体育课堂教学中使用。

(6)应用和发行。多媒体教学课件最终修改完善后就可以投入使用了,教师除了自己在教学中使用外,还可以进行交流、推广或发行。

① 黄起东.体育多媒体CAI课件设计与开发[J].边疆经济与文化,2007(10):162-164.
② 徐薇,王敏.多媒体课件在体育教学中的应用[J].哈尔滨体育学院学报,2014,22(1):70-72.

（七）网络教学法

1. 网络教学的概念与特点

计算机网络教学集文字、图形、声音、影像等为一体，能将各种不同的媒体信息有机地集成在一起，形成多媒体演播系统，具有教学的可嵌入性以及良好的交互性能。

计算机网络教学在体育教学中的运用主要体现在校园体育教学学习网络的建立。计算机网络教学大大拓展了体育教学的时间与空间。

作为一种新的体育教学手段，计算机网络教学具有以下特点。

（1）计算机网络教学改变了传统体育课堂教学的范畴，使体育教学中的各种体育运动技术、战术、身体训练、理论知识、体育文化、体育动态等诸多方面在互联网中全面共享。计算机网络教学能最大限度地实现师生广泛、平等的交流，能从时间和空间上拓展体育课堂教学。

（2）计算机网络教学能将资源共享、师生互动渗透到传统体育教学的每一个教学环节和阶段，同时，在传统体育课堂教学触及不到的地方，也能做到实时的交流与互动。首先，对于体育教师来讲，在计算机互联网教学中通过校园学习网络和网络课程体系的建立，教师可以实现教学资源和教学计划的共享，以便学生预习、查阅和复习。其次，对于学生而言，学生在体育课堂上无法更深层次了解，或者没有更多时间深入探讨某一问题时，可以在课余时间关注校园体育论坛，与本班级体育教师和同学、其他体育教师和同学形成一种有效的互动。师生之间、学生之间可以利用在线交流、邮件、留言等形式实时互动，可有效降低教学时间与空间限制。

（3）计算机网络教学很好地解决了教学的延续性问题，同时，提高了教学维度。在依托计算机网络的"教"与"学"的交互平台上，通过多样化的网络课程及其配套平台设置，如网络课堂直播、公开课、论坛等，借助于校园计算机网络建设和学生的网络设备利用，形成了多元化的综合性网络课程教学体系（见图4-2）。

（4）计算机网络教学方法生动，机动多变，适应性强，体育教学更加灵活，教师和学生充分互动，突出了针对性、实用性、趣味性，可促进学生体育教学学习和教师体育教学的教学相长的良性循环。

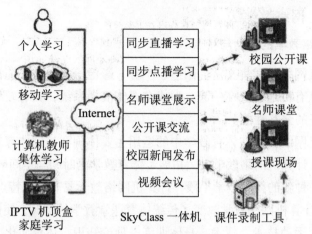

图4-2　网络课程教学体系

2．网络教学设计

（1）网络课程结构设计。课程结构设计是网络课程设计的重要工作，它包括功能设计和知识结构设计两部分内容。前者在于满足学生体育学习需求，"使用方便"是最基本的设计要求。后者在于体现出体育教学内容的层次，实现学生的个别化学习，满足不同学生体育学习需求。[①]

一个完整的体育网络课程应包括以下结构内容：

1）体育教学视频和课件。

2）体育比赛视频赏析。

3）师生交流和互动平台。

4）体育论坛。

（2）网络课程内容设计。一般来说，体育网络课程内容主要有两种。

1）以电子教材的形式呈现体育课程内容。电子教材是充分运用 PPT、Authorware、Dartfish 运动分析软件、MacromediaFlash 8、CorelVideoStudio Pro X5、格式工厂等软件，使教学内容不局限于单一的文字叙述，经过设计软件制作过的视频与图片等开展教学。[②]当前电子教材主要有以下四种展现形式。

---

① 万文君，黄智武. 高校体育教学网络课程的设计与开发[J]. 北京体育大学学报，2006，29，（10）：1416-1417.

② 卜伟松. 网球运动教程网络电子教材的制作与应用[D]. 江西师范大学，2015.

①用 Authorware 软件制作教学课件。选择点件形式以解决实践教学中的重点、难点问题，如发球技术、高压球、截击球等。

②设计制作图文并茂的 PPT。以图片、视频等多媒体技术演示为主、文字叙述为辅的设计理念。

③微课课件。运用现代教育技术、计算机 CAI 技术整合制作课程核心内容，提高教学效果。如网球先进的教学和训练理论与方法，教学过程中的诊断与评价。

④教学分析视频。运用现代教育技术、计算机 CAI 技术，选择优秀运动员的技战术视频和学生的技术动作录像进行分析。

2）通过将体育教学内容转化为网络视频，是网络课程内容设计的又一个重要形式。内容设计应注意以下几点。

①以课程内容为基本要求，选择与教学内容有关的素材。

②在安排教材内容时要与网络教学视频相配合。

③保持传统体育课程教学中理论与实践充分结合的特色，科学、合理地压缩与改进原有内容。

④以学生为主体，符合学生学习需要以及学生认知特点。

⑤选择有利于完成教学目标、有阶值、实用的素材。

⑥注明相关网络资源链接，以备查考或进一步学习。

（3）设计信息反馈平台和入口。设计体育网络课程时应注意设计反馈渠道和平台，注意人机、师生、生生之间的交互作用，增强网络课程的交互性。[1]

第三节 体育教学方法的选择、优化与发展

一、体育教学方法的选择

体育教学发展到现在教学方法众多，如何选择最佳的体育教学方法是体育教师在开展体育教学活动之前应慎重考虑的问题。因为体育教学方法

---

[1] 万文君，黄智武.高校体育教学网络课程的设计与开发[J].北京体育大学学报，2006，29（10）：1416-1417.

的选择将直接关系到体育教学过程能否顺利开展，体育教学效果能否实现。

就体育教学方法在体育教学系统中的地位及其与其他体育教学系统要素之间的关系来看，科学选择体育教学方法应重点考虑以下依据。

（一）依据教育理念选择体育教学方法

现代体育教学理念是体育教学方法的重要选择依据，结合当前我国体育教学理念，体育教学方法的选择应体现"健康第一""以人为本""终身体育"。

（1）现阶段体育教育教学强调素质教育，强调学生的身心健康全面发展。在"健康第一"的体育教育教学理念指导下，一切体育教学行为的开展都必须以此为指导和依据。

（2）体育教学方法的选择应体现出学生在体育教学中的主体地位，要有利于激发学生的体育学习和参与热情。

（3）体育教学方法的选择应便于提高学生的终身体育能力，使学生在毕业进入社会后依旧能够科学运用并指导自身的体育锻炼。

（二）依据教学目标选择体育教学方法

教学目标、任务不同，教学方法的选择也不同。体育教学方法的科学选择，其目的在于促进体育教育教学目标的实现。体育教学的目标是确定体育教学方法的依据之一，具体要求如下。

（1）从教学的总体目标要求出发，宏观上考虑教学媒体的选用，可以保障总体教学目标的实现，通过教学媒体为教学过程设计总体目标。

（2）从具体的教学目标出发，如果体育课的目的是让学生巩固技能，教师应多采用练习法、比赛法等。如果体育课的目的是教会学生学习新技能，教师应采用讲解、示范、分解、模仿练习等教学方法。

（3）当前教学方法的选择必须为体育教育教学"促进学生体魄强健、身心健康"的体育教学核心目标的实现服务。

（三）依据教学内容选择体育教学方法

在体育教育教学系统中，教学内容和教学方法是两个重要的系统构成要素，二者之间具有密切的关系。选择体育教学方法应充分考虑体育教学内容的方便实施，如技术动作内容的教学，应采用主观的示范操作的方法；

原理和知识结构方面内容的教学，语言讲解则是最佳体育教学方法。

（四）依据学生特点选择体育教学方法

体育教学对象——学生，是体育教学的主体，体育教学方法的选用是为更好地促进学生体育学习服务的。因此，具体的体育教学方法选择应充分考虑学生特点。

在体育教学中选择体育教学方法，要求体育教学工作者在对体育教学方法的选择中，不仅要考虑学生群体特点，还要考虑学生个体特点。

（1）就学生群体特点来说，要根据抓住某一学生群体的共性，科学选择能涵盖学生这些共性的、有针对性的体育教学方法。如低年级学生应多采用游戏方法开展教学，高年级学生适宜采用探究、发现、竞赛等教学方法。

（2）就学生个体特点来说，要重视学生之间的客观差异，选择相应的教学方法，做到因材施教。

（五）依据教师条件选择体育教学方法

体育教师是体育教学方法的实施者，其自身的素质水平、知识结构、教学能力与经验、性格特征等对教学方法的实施有重要影响。因此，选择教学方法要考虑教师的体育教学的相关知识、能力、经验等特点。

体育教师在选择教学方法前应认真审视自己，根据自己的实际特点来选择合适的教学方法，全面地对待自身的专业素养、能力水平以及教法特点，以便扬长避短，使教学方法选择更具针对性。

（六）依据教学环境与条件选择体育教学方法

体育教学环境与条件是影响体育教学方法实施的客观环境，不以人的主观意志为转移，对教学方法的选择具有重要的影响，必须考虑。

教学环境包括场地器材、班级人数、课时数等，同时，外界的社会文化环境也对教学环境具有重要的影响。体育教学条件则涉及体育教学的硬件条件、软件条件等。

对于体育教师来说，在选用体育教学方法时应充分考虑教学环境与条件因素。否则，没有环境和条件支持，再先进、再好的体育教学方法，只能是空想的方法，无法落实。

二、体育教学方法的优化

（一）体育教学方法优化原则

（1）最优性原则。不同的教学方法特点、功能和应用范围不同，应根据实际情况，对多种教学方法进行比较分析、组合整理，实现功能最大化。

（2）统一性原则。教学方法的优化使用，体现在体育教学中"教"与"学"的统一。

（3）启发性原则。不管是何种形式的教学方法，都应该能更好地调动学生的积极性和自觉性。

（4）创造性原则。善于创新，集合当下体育教学改革发展动态，对教学方法进行改进和创新。

（5）灵活性原则。教学活动是一个动态的过程，教师在课前设计的相应教学方法可能在具体的教学实践中面临多方面的问题，这就需要教师根据实际教学情况，对所选的体育教学方法进行灵活运用。

（二）体育教学方法优化程序

（1）明确学校体育教学的任务，制订任务规划。

（2）通过对教学任务、教学内容、学生的具体情况以及教学的外部情况等进行分析，提出总体设想，对所选教学方法进行评估和分析。

（3）制订教学方法优化组合的具体方式和细节表，应用于体育教学实践。

（4）对实施后的教学方法进行评价，总结经验和教训，进一步优化教学方法。

三、体育教学方法的发展

（一）现代化、多元化发展

1. 体育教学方法的现代化发展

科学技术的发展为人们的生活提供了便利，在教育领域新技术的应用对新的教学模式、教学方法的创新也提供了技术支持。新技术的应用能使体育教学方法体现出时代性，具有创新性。

随着现代体育教学的发展，其表现之一是现代化的教学设备、技术在体育教学中的应用。通过先进的现代化设备，教师能够对学生的身体素质进行更加深刻的了解，并能够更好地制定运动训练的负荷量。在教学管理方面能够对学生的学习和生活提供更加便捷的服务。而体育理论教学中多媒体、计算机软件等的运用，也使得体育教学更加生动形象，具有时代性。

在体育教学中，科学技术的进步对其教学方法的影响是极其深远的。如多媒体技术教学、网络教学中的依赖视频和虚拟技术的教学方法应用。随着体育教学的各项技术逐渐发展，其教学方法也必然呈现出现代化的发展趋势。

2. 体育教学方法的多元化发展

体育教学发展至今已经有了许多教学方法，随着体育教学在未来的不断发展，也必然会出现更多的体育教学方法。体育教学方法的多元化能为体育教师的体育教学提供多种选择，进而实现体育教学更加科学的组织与开展。

体育教学是一个复杂的、动态的教学过程，单一的教学方法是无法实现教学目标的。现阶段随着新课程改革的开展与深化，体育教学必须创新教学思路与方法。[①]多元化教学方法的创新势在必行。

（二）个性化、心理化发展

1. 体育教学方法的个性化发展

学生具有时代特征、个性差异，体育教学的方法应随着学生各方面的变化而进行适当的调整。

随着现代体育教学活动的开展，社会越来越注重学生个性的发展，学生的个性发展要求教师应根据学生的具体情况采用不同的体育教学方法。这对于提高学生的体育学习兴趣，充分调动学生的体育学习积极性与主动性具有重要的意义和作用。体育教学方法的发展也必然呈现个性化发展趋势。

个性化的教学方法改革和创新对于学生和社会的发展均具有重要意义。

---

① 方诚. 新课改背景下体育教学创新研究[J]. 成才之路，2016（7）：9.

2. 体育教学方法的心理化发展

学习是一项复杂的心理过程，在现代体育教学中越来越多的心理学知识在体育教学实践中得到了应用，关注学生心理、更好地引导学生的体育学习，是体育教师应考虑的重要课题，也是体育教师选择使用教学方法的重要参考内容。

实践表明，心理学理论在体育教学中的应用，对于实现体育教育教学促进学生身心健康发展具有重要意义。这为体育教学方法重视学生心理建设、发展提供了启发。教学方法的选用开始更多地关注学生心理，通过影响学生心理来组织和实施体育教学。

（三）最优化、合作化发展

1. 体育教学方法的最优化发展

不同教学方法各有优点，针对具体教学内容、教学对象特点，教师应善于甄选出最佳的教学方法。

最佳的教学方法应充分考虑两个方面：①教学方法创新发展必须重视教学方法优化策略中的系统性和操作性；②体育教学方法的优化发展应充分考虑教学方法的实操性和实效性。

2. 体育教学方法的合作化发展

现代体育教学实践中只运用一种教学方法不可能完成整个教学，需要对多个教学方法进行综合使用。这就是体育教学的合作化。体育教学方法的合作化是体育教学方法的重要创新策略，其基于体育教学方法优化组合，是对多元体育教学方法的一种"优中选优"，更加有利于体育教学效果的完善和教学质量的提高。

第五章　信息化时代体育教学模式的更新与发展探索

随着我国信息技术的高速发展，各领域都取得了很大进步。以大数据、云计算为代表的信息化时代背景下，信息化时代的教学模式要求相关学科与信息技术的深入融合，信息化的体育教学对于传统的体育教学模式来讲是一场根本性变革，在教学理念以及教学手段上都需要有根本性的变化，把体育教学和当前的信息技术结合，在体育教学模式的更新和发展方面具有现实意义。为此，本章阐述了体育教学模式概述，分析了传统体育教学模式的应用以及信息化教学模式的应用，探讨了现代体育教学模式的革新与发展，为信息化时代体育教学思维转变及其改革发展探索提供新的研究思路。

第一节　体育教学模式概述

一、体育教学模式的概念

在一定教学思想的指导下，以丰富的教学实践经验为基础，完成特定的教学目标和内容，形成较为稳定的教学结构理论模型和实践活动的方式就是体育教学模式。

教学模式和计划不同，计划通常情况都比较具体并具有强烈的可操作性，缺少理论色彩。教学模式是各种类型教学活动的一种基本结构或框架，是在一定教学思想和理论的指导下建立起来的，一种策略体系。

体育教学模式就是在某种体育教学思想和理论的指导下建立的体育教学的程序，包括教学过程结构和教学方法体系，主要从体育教学单元和教学课的设计及实施中体现出来。

教学模式的重要特点是表述教学流程，将教学程序、教学手段、教学组织形式合为一体，教师明确做什么和怎么做，将抽象的理论转化为具体的操作流程。教学模式体现了规划、调节、评价教学活动的一整套教学方法理论体系，是教学理论和教学实践相互联系并相互转换的媒介。

体育教学模式是一种体育教学程序，以某种体育教学思想和理论为基础，包含相对稳定的教学过程结构和相应的教学方法体系，可以构建出多种体育教学模式，各个体育教学模式反映了教学过程结构中的不同设计。

体育教学模式主要由教学指导思想、教学过程结构和教学方法体系三个基本要素组成。三者的关系是教学过程结构的"骨架"，支撑模式；教学方法体系是"肌肉"，填充教学过程；教学指导思想是"神经"，内含在"骨骼""肌肉"中，起协调和指挥作用。

要建立一个发现式教学模式，提高学生发现、思考问题的能力，这个指导思想决定了教学模式的性质、特点和效果评价。体育教学指导思想发挥着重要指导作用，发展学生认知能力，体现了教学模式的理论性。

根据这个思想建立具有让学生发现和解决问题的教学过程结构，支撑了教学模式的构建，体现了教学模式的稳定性，教学方法体系填充了整个教学过程，体现了体育教学模式的直观性和可操作性。

设定问题—提出假设—验证学习—集体讨论—提出答案，这个过程是单元的过程，需要用教法丰富整个教学过程，如通过设问方法、组织学生进行验证问题的方法、组织学生讨论的方法等。

二、体育教学模式的特点

教学模式诸因素的内容和组合方式不同，适用的具体情况和范围大小也不同，教学模式呈现出多样性和层次上的差异性，不同的教学模式仍然具有指向性和探索性等特点（见图5-1）。

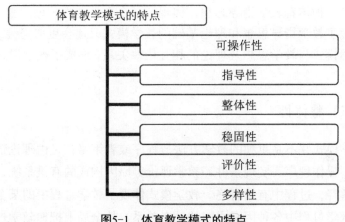

图5-1　体育教学模式的特点

（一）可操作性

在教学模式中操作程序就是特定的逻辑步骤。它规定在教学活动中师生先做什么，后做什么，各步骤应当完成的任务，具有明显的时间性、顺序性和可操作性等特点。赫尔巴特的教学模式注重传授知识，分为四个阶段：明了、联想、系统和方法。杜威实用主义教学模式包括五个步骤：情景、问题、假设、推理和验证。教学程序源于教学阶段，根据教学内容设计，具有可操作性。

建立新的体育教学模式，意味着和以往任何体育教学模式不同，具有明显的特点和独特的教学效果，如果没有这些特点就和其他的教学模式相同。整个教程安排的特殊结构或某个特殊的教学环节上都会体现具有独特特点的教学效果，人们可以根据教学环节和教程安排来确定教学模式，还可以通过设置独特的教程或教学环节来重现这种教学模式。

（二）指导性

教学模式是教学理论或教学思想的反映，具有较强的指导性，是由理论指导的教学行为规范。不同教学理论的指导会形成不同的教学模式。如以行为主义心理学理论为依据形成程序教学模式，以认知心理学派的学习理论为依据形成概念获得模式和先行组织概念模式等。

体育教学模式的理论性是指任何一个比较成熟的体育教学模式都必定反映了某种体育教学指导思想，体现了某个教学过程理论的教学顺序，只有明确了教学指导思想和理论基础的教学模式，才会更加完善。因此，体育教学模式与教学思想及理论的相互依赖关系，形成了教学模式的指导性属性。

（三）整体性

教学模式并不是单独的教学方法、程序或者策略，是由理论依据、教学目标、操作程序、实现条件、教学评价等原因构成的有机系统，从理论上可以解释，过程中有始有终。教学模式体现了教学过程中的某个方面，展示了教学过程中各种因素之间的动态关系，从全局上把握教学过程的始末，具有完整性的特点。

一个新的体育教学模式的形成就代表着一个教学系统的改变，在新的教学思想基础上，全局把握教学过程的始末，教学过程中很多因素相互之间处于动态联系的状态，具有综合性的特征。体育教学模式的形成必然会导致教学程序的整体优化，如果只是局部做出改变，不会产生良好的教学效果，也不会形成一个完整的、科学的体育教学模式。

（四）稳固性

教学模式是在教学实践的理论基础上建立起来的，遵循体育教学活动的普遍规律，教学模式并不包含具体的学科，其提供的程序对教学起到参考作用，具有一定的稳固性。教学模式是根据教学理论和教学思想构建起来的，一定的教学理论和教学思想是一定社会的产物。教学模式与历史时期的社会政治、历史、经济、文化教育的发展水平相联系，都受到教育方针和教育目的的制约和限制。

一个新型的体育教学过程结构的确立是建立在体育教学模式的基础上，如果是结构就具有一定的稳固性。教学模式就是在任何情况下运用这种模式教学，基本的程序和主要的环节都没有很多变化。当教学模式针对不同的人和不同的时间内运用时都会产生大的变化，教学模式就没有真正地建立起来，只是一个似是而非的教学程序模型。

（五）评价性

任何一个成熟、科学的教学模式，不仅把特定的教学指导思想作为基础，也会对教学过程结构进行客观评价，会建立与之相对应的评价方法体系。对体育教学模式进行整体评价，体现了教学模式的教学价值观和体育教学组织的可行性。

任何一种体育教学模式都会对教师进行客观公正的教学评价，评价的内容包含教师对教学模式的理解程度。教师的参与、认识和学习能力，不仅是对该教师的评价，也是对教学系统的评价，使体育教学模式的形成过程更加符合自身的规律性。

（六）多样性

教学的每个环节构成逻辑联系时会呈现出不同的模式，但是教学不能模式化，不能用唯一代替多样。每一种教学模式都有自己的特点，也有自己的适用范围和重点针对的对象。没有普遍的教学模式，教师可以根据教学目标的要求、自身条件、学生个性、课程要求和具体的教学环境提供具体情况，利用和改造教学模式，这体现了教学模式的多样性。

体育教学模式并不是万能的或者绝对的，每个教学模式都具有特别的功能和特点。一般都有一个大致适应的范围，如适合什么类型的教材、学生、场地设施条件等。由于各个体育教学模式的特点不同，其对应的范围也会有大有小。

三、体育教学模式的分类

体育教学模式具有多样性的特点，主要由不同的体育教学指导思想、体育教学目的的侧重点不同、教学条件不同而造成。从总体上来看，体育教学模式是一个大的整体产生了很多变化，从各角度和方向实现其功能，为整体教学总目标服务。

教学目标的主要内容就是通过体育教学活动实现，在学生心理健康、身体健康的基础上实现，具有体育学科教学特点，是培养终身体育价值观所必须具备的运动技能。在进行分类的时候，要按照体育教学模式的目标兼顾体育教学的总目标。

关于体育教学模式分类的方法比较多，下述介绍几类主要的体育教学模式（见图 5-2）。

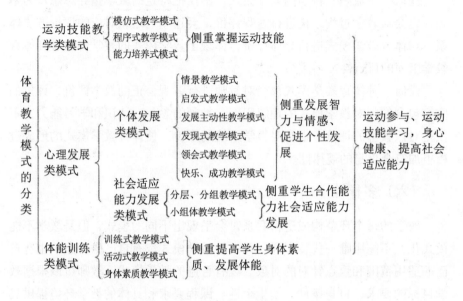

图5-2 体育教学模式的分类

体育教学模式的分类主要以下几个方面。

（一）根据教学思想分类

体育教学思想是确定体育教学模式的主要内容，不同的体育教学思想赋予了具体教学模式的生命力，教学模式便有了明确的发展方向，最终实现目标。为了具有特定的教学思想，选择教材内容，丰富教学思想的多元化，教学内容的选用体现了多样性、复杂性的特点。

（二）根据教学内容分类

在细致的教学内容中对每个项目的学时进行了规定，确保各个运动项目单元教学任务的完成，大纲规定了各个项目的学时，学生能够熟练掌握自己的运动技能。"大单元教学"是非常重要的概念，根据项目中不同环节、重点主次安排不同的教学任务、教学步骤、教学方法，保证每个环节都可以有效衔接，顺利完成完整的动作教学。

在单元教学中存在掌握技能的不同阶段，教学的不同课次、不同阶段应有主次之分，主次分明教学模式上就会有不同。

（三）根据教学条件分类

体育教学的条件非常复杂，初步可归于两大类：①一些固定的硬件，如各地区、各学校的各种体育器材、场馆设备；②不固定的硬软件，如各地区、各学校的传统体育项目，现代教学手段与仪器，包括多媒体模型等。

选择的方法是各个硬件具有不一样的组合形式，主要针对教学内容、教学目标、传统项目，合理选择多种多样的体育器材，合理布置场地，运用多种教学辅助手段，如挂图等多媒体课件，实现不同的教学目标。

（四）根据教学对象分类

教学活动的主导是教师，教学活动的主体是学生。体育教学活动的主要因素构成了主导和主体因素，是教学活动中最重要的部分。在选择教学模式的时候，要参考师生的具体情况和具体特点。

第二节 传统体育教学模式的应用

一、传统技能教学模式

（一）模式内容

这种教学模式是在我国体育教学领域中长期居于主导地位的一种传统体育教学模式。运动技能类教学主要沿袭了苏联教育家凯洛夫的教育思想和教学模式，更加注重系统的运动技能传授，遵循学生认识事物的规律（从感性认识上升到理性认识）、运动技能形成的规律（粗略掌握动作阶段掌握动作阶段—自动化阶段），将教学过程细分为感知—理解—巩固—应用等阶段。

这是一种以系统教学的理论作为基础，遵循运动技能掌握的规律性来安排教学过程的教学思想和教学模式，十分重视教师的主导作用，以教师为中心和主导。传统的运动技能类教学模式侧重于本体化的加工信息，重视从运动技能的角度进行教学，教学的程序和过程就是示范、讲解、练习、纠正错误动作、再练习，形成传统的运动技能教学模式。

（二）模式应用

教学的单元设计将某一项运动技术教学作为主线，通过设定一定的难度达到单元规模，采用中大型单元，在单元内的排列中主要将运动技术的难易程度作为顺序。教学课的设计将学习和练习技能作为主线，注重练习次数，安排必要的运动量，精讲多练，对技能掌握的效果进行评价（见图5-3）。

这种模式主要应用在运动技术比较复杂，学生人数较少，教学时数多，学生有一定的运动技能基础。

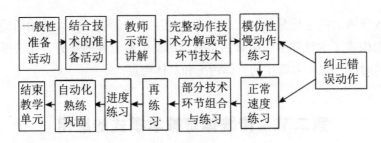

图5-3 传统技能教学模式操作程序

二、快乐体育教学模式

（一）模式内容

快乐体育教学是重视每一个不同运动所具有的独特乐趣，愉快地从事运动学习，把运动中内在的乐趣作为目的和内容来学习的一种体育。我国引入快乐体育模式后，从思想上把快乐体育作为进行素质教育的突破，从场地和器材上满足学生锻炼的各种各样的需要，建立快乐体育园地。认识上变少数人的竞技比赛为全体学生的锻炼，实践上改变单调技术传授为丰富多彩的体育活动。

为了让大多数学生能够达到目标，每个学生都可以体验到学习的乐趣，促进学生发展进步，根据三维健康观、体育自身的特点以及国际体育课程发展的趋势，体育与健康课程的设计改变了传统的按运动项目划分课程内容和安排教学时数的框架，从运动参与、运动技能、身体健康、心理健康、社会适应五个方面描述具体目标。根据课程目标体系构建课程的内容标准，将内容划分为必修和选修两部分。学校和学生可以自主地选择教学内容。

在体育教学中，没有努力就没有目标的快乐，在教学中尽可能选择使学生快乐的活动。过程快乐并不代表目标快乐，教师的高明之处就在于让孩子们乐于、敢于接受磨炼，以苦为乐，以苦为荣。从目标、内容、教学方法三方面分析了运动技能的学习与运动乐趣之间的关系，强调教师如何认识体育中的乐趣，以及用什么方法让学生体验乐趣。

从学生的兴趣和需要出发，真正有效的学习需要快乐，真正的快乐只能在"需要"被满足的过程中收获。学练运动技能并不简单，在学练中不要指望学生会露出笑脸，只有当学有所获时，才会随之产生快乐的情绪。

新课程标准和快乐体育都是站在学生的立场来审视体育教学，从学生的需要出发，以学生为主体，重视学生的学习和体验，以有利于学生的发展为主要目标。学生产生乐趣体验的关键因素是教师。选择学生喜闻乐见的内容、选择恰当的教学手段、多方面激励学生运动兴趣的关键是教师。教师的准备和引导是处理学生技能学习和乐趣体验的有效保障。

在体育实践中，技能的获得和乐趣的体验既是学生希望通过体育活动所获得的，也是体育教育所追求的目标。学生希望通过体育教学获得运动和快乐，教师是引导、帮助学生获得丰收的指明灯。

（二）模式应用

快乐体育教学模式的教学过程是具有一个或者几个体验运动乐趣的环节，有时这些环节相互连接、层层递进，学生能够体验到运动、学习、挑战和创新等多种乐趣（见图5-4）。这种教学模式较多采用游戏法、集体性比赛法、小群体学习法等教学方法。

图5-4　快乐体育教学模式操作程序

体育教师具有较为丰富的教学实践经验，善于开发运动项目独特灵活的教学方法，学生对于一些基本的运动练习手段有一定的基础，并有一定的组织创新能力。教学内容的难度较低，或在教学过程中基本没有技术难度要求，教学场地、器材的要求比较高，能满足各组的教学与练习活动。

三、小群体教学模式

（一）模式内容

社会学认为群体是个人存在的普遍形式，个人存在要通过自身的体力、智力、情感等要素的输出和对他人要素的摄取来表现自己。每个人为了表现自己的存在，就要和他人发生联系，聚合成群体。

小群体就是指规模较小的群体，是个人最直接、最重要的活动环境，影响了个人的心理意识、理想的形成、情感的获取，基本特征是成员接触的直接性，也就是互动程度。

人群活动的基本单位就是这样和那样的个人组合，即群体。任何群体都具有互助与互争的二重本质。互助是群体的内向本质，互争是群体的外向本质。群体之间往往表现为互争的形态。

为了丰富学习者的学习内容，学习更加自主化、协同化，小集团学习研究由此开始。最初小集团学习并没有在体育领域中产生，而是在别的学科。1951年竹之下休藏等人经过3年左右的实验研究，终于把小集团学习的学习形态移植到了体育领域中。

小群体学习法源于日本的"小集团学习"理论。日本体育教学中的"小集团学习"产生于第二次世界大战，当时日本的体育由战前的身体教育转变成全面培养人的教育，社会性的培养成为体育目标中的重要内容。

体育教学中的小群体教学模式也称小集团教学模式。把学生分成若干个学习小组，在教师的指导下，同组学生与学生之间、小集团与小集团之间通过互动、互助、互争，增强学生学习的主动性，从而提高教学效率，是培养学生社会性的一种教学模式。

小群体教学模式是社会学理论视角的小组互动学习，是西方合作学习思想的一种具体的实施方法和手段。小群体教学模式就是在群体理论指导下，学生互帮互助学习和教师的具体指导与控制，从多维度激发学生的自主学习兴趣和自我提高的主观能动性，进而达到教学的目的。

目前关于小群体教学模式的研究主要侧重于调动学生的学习兴趣和积极性，增加练习密度和交往次数，帮助学生熟练掌握专项技巧，锻炼身心素质。

（二）模式应用

小群体体育教学模式的简单教学程序是教师提出要求—小集团组成—小集团学习—集团间活动—集团解散（见图5-5）。

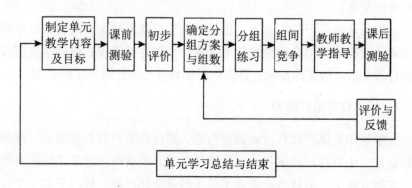

图5-5　小群体体育教学模式操作程序

小群体教学模式尽管多种多样，但是在单元开始的部分都有一个分组和形成机体的过程。在单元的前半部分，以教师指导性较强的小组学习为主；在单元的后半部分，以学生主体性较强的小组学习形式为主，教师此时起到指导和参谋的作用。

小群体教学模式的操作应用在体育教学活动中，每个教学的环节和步骤以及每个步骤所包含的具体实施方法规定了教学活动的参与者在教学活动中应该先做什么、后做什么，各个阶段应达到的具体目标。这种程序并不是一成不变的，根据教学内容和学生的实际情况会有相应的调整。

1. 培养团队精神

在高校体育课教学中采用小群体教学模式培养大学生的团队精神以及合作竞争的意识，成员在小群体形式中为了实现小组的目标，必须努力奋斗，注重团队的作用。个体相互学习、互相鼓励，营造和谐的学习气氛，培养团队精神，提高学习效率，增强了集体主义感。

熟练掌握体育技术技能后，个体之间、小群体之间还存在着技战术的比拼及竞争的关系，培养了大学生的合作竞争意识。

2. 满足学生需求，培养学习兴趣

现代大学生的个性鲜明，传统的体育教学模式已经不能激发大学生的学习兴趣。从西方引进的小群体教学模式，强调尊重学生，以学生为主体，重视个性发展。

兴趣是学生学习的内动力，也是影响学习效果的重要因素，以小群体的形式通过教师的引导，激发学习兴趣。小群体教学模式强调学生积极参与体育教学活动的主体作用，符合新时期对高校体育课教学的要求。

3. 培养社会适应能力

大学生作为体育教育活动的参与者，通过体育教育逐步发展，逐渐融入社会化，小群体活动学习、互助协作学习，要求群体成员之间能有效交流，掌握人际交往的技巧，促进了学生的社会化发展。体现了大学生作为一个社会人在体育教学这个特殊社会中的存在，培养了大学生的社会适应能力。

四、发现式体育教学模式

（一）模式内容

教学过程中学习的主体——学生，需要主动学习。这不仅是一个认识过程，而且也是交流和合作的过程。学生作为有着丰富情感和各种需要的

完整生命体参与教学全过程。学生学什么取决于学生如何进行学习。教学过程应是学生主动学习的过程，是一个认识过程，也是一个交流和合作的过程。

学生主动学习、学会交流、学会合作，对增进学生交往，促进学生社会技能、社会情感的发展以及创造能力的发展具有显著的优势。

课堂是学生学习活动的主要场所，是素质教育的主阵地，学生的学习方式，不全是听教师的讲授，更重要的是靠自己去思考、体验和建构，同时，还有同学间的相互交流和影响。课堂教学是学生掌握知识和技能，提高能力和素质的主要形式，课堂活动成为学生学习需要的满足过程，创设学生主动学习的情景，构建学生主动学习的教学模式。

通过体育学习，学生不仅能够懂而且会用，使学生通过学习运动的原理，掌握灵活的运动学习的方法，提高体育教学中智育的因素。课堂上基础知识的教学使学生主动学习，实现课堂教学的目的，培养其能力，提高其素质。

学生是否愿意参加并主持体育教学活动，主要动力源是在内部。采用奖励或惩罚的手段，从外部激发个人参与和主持体育活动的动机，让学生自觉发现体育运动自身所具有的价值，确信自己具有参加体育活动并主持的能力，对促使学生认识体育、自主地参加体育活动及培养能力是很重要的。

以往的体育教学中注重"教法"改革，忽视"学法"研究。换个角度思考问题，从研究教法的圈子中跳出来，让学生参与教学。在学生的教学过程中，让他们学会承担"探索未知知识并把它教给学生"的责任与义务。

（二）模式应用

发现式体育教学模式是一种终极体育服务教学模式，主要遵循在体育教学的过程中学生认知的规律来考虑教学过程，在教学过程中，一节课的教学过程一般有提出问题、验证学习、集体讨论、归纳问题、得出结论等学习阶段，运用学习和练习紧密地穿插其中，采用提问、设疑和讨论等教学方法（见图 5-6）。

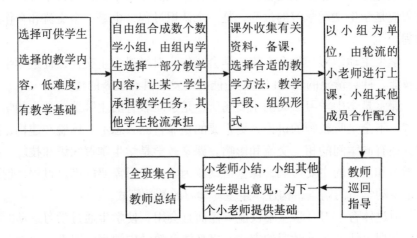

图5-6　发现式体育教学模式操作程序

第三节　信息化教学模式的应用

随着计算机网络技术和信息技术的迅速发展，多媒体计算机和信息高速公路改变了我们的交流方式、工作方式和思维方式。新一轮课程改革已经全面开启。信息化教学模式是基于技术的教学模式和数字化的学习模式，教学模式呈现了新的发展势头。在当今信息时代，信息化教学模式更成为教育理论与实践界关注的焦点。

一、协作型信息化教学模式

（一）模式内容

协作学习也就是合作学习，是指学习者以小组形式在一定激励机制下，学习者个人和小组通过协同互助的方式完成共同的任务而开展的学习活动。协作学习以小组活动为主体，强调目标导向功能、强调小组成员的协同互助，以总体成绩作为激励。

1．计算机支持的协作学习（CSCL）

计算机支持的协作学习主要指利用计算机技术，特别是多媒体和网络技术，辅助和支持协作学习。与传统教室环境下的协作学习比较，它具有以下特征：

（1）稳定性。在传统教室的环境下进行协作学习，通常会遇到协作变成主控的情况，而在 CSCL 环境中，建立协作是通过计算机相关技术搭建的协作平台实现，教师和学生不能脱离平台实现学习目标，因此，保证了协作的稳定、控制权的合理分配。

（2）突破性。网络实现了时间和空间上的延续，教师和学生不再受到教室环境的限制，协作的范围从班上小组延伸到整个班级、年级、学校。网络可以让学生们在大环境下学习，促进了社会学习化和学习社会化。

（3）简化性。得到计算机技术的支持，协作学习过程中所遇到的类似言语信息记忆、资料分类、冗余的数据计算、作图等繁杂的底层工作均得到简化。学生集中主要精力用于分析、决策、探索、检测和评价等高级认知活动过程。

（4）隐蔽性。在传统教室环境下，协作组的交互大多数通过面对面交流的方式展开，这种相互形式不能长时间保存，只能将交互信息记录下来，进行深入的学习、研讨和参考，需要记录员等和协作学习没有直接关系的角色，采取一定的物理方式将信息传递出去，如材料分发者和屏幕的抄写员。在计算机支持的协作环境中，电子通信、文件记录保存具有强大的功能，附属角色的任务被隐藏在学生协作过程中。

（5）全面性。CSCI 环境能够比较容易地做到向协作组展现问题的全貌，创设问题情境，解决学习问题，激发学生的思维，发现探索，建构积极环境，获得高级技能、认知策略。解决和生活经验没有太多联系的问题，医学上的复杂病理在传统环境下无法实现。

（6）角色性。在传统的教室环境下，教师在长期教学过程中会形成一定的习惯，会逐渐成为教学中的领导者、控制者。而在 CSCL 环境中，教师变成了学生的一员，教师的角色转变成了设计者、指导者和调解者。教师需要掌握的不仅是教学内容在逻辑顺序和目标的安排合理性上，更多需要学生之间的协同合作，对学习进程进行规划。

根据计算机支持协作学习中学习者在时间和空间中的位置关系，可以将 CSCI 双维度划分为实时同地 CSCL、非实时同地 CSCL、实时远距 CSCL 和非实时远距 CSCL。

2. 计算机支持的协作学习系统的设计

CSCL 系统由协作小组、成员、辅导教师、协作学习环境等要素构成，对其设计主要包括学习主题的确立、学习资源的准备、小组成员的组织、学习过程的管理和评价、交互工具的设计、合作方式的设计。

学习者协作学习过程可以分为即分组、进行学习和最后评价三个阶段，结合计算机支持协作学习的特征，从学习者的角度出发，提出 CSCL 系统过程模型（见图 5-7）。

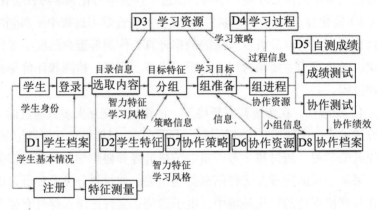

图5-7　CSCL系统过程模型

（二）模式应用

应用协作学习的计算机环境有很多形式，支持多个学习者的网络协作学习系统将计算机作为学习伙伴与单个学习者进行协作，基于计算机网络的协作学习方式中，常用的协作式学习（教学）策略包括课堂讨论、竞争、角色扮演、协同等。

1. 课堂讨论

课堂讨论要求在整个协作学习过程中都要由老师来进行组织引导，讨论的问题由教师提出。课堂讨论教学策略的设计主要包含了两种：一种是提前知道学习的主题，另一种是提前不知道学习的主题。大部分协作学习属于第一种情况，但是第二种情况在教学实践中也会遇到，事先只确定了一个目标，通过集体评议交流促进全班的协作学习，具体的评议内容就是提前不知道的学习主题。

2. 竞争

运用协作学习策略时，教师需要注意选择合适的竞争对象设计竞争主题，一方面避免学生产生受挫感，另一方面巧妙利用学生不愿服输的心理刺激开展学习。

作为计算机支持协作学习模式中的竞争，要突出各成员之间的努力是相互促进的，将某些成员的成功作为外界激励，在其他成员身上产生积极的促进作用，形成整个协作小组内的成功正反馈。

3. 角色扮演

角色扮演包含了师生角色扮演和情境角色两种。师生角色扮演就是让学生来扮演指导者和学习者的角色，学习者被要求解答问题，指导者检查学习者在解题过程中是否有错误。当学习者遇到困难的时候，指导者帮助学习者解决问题，在这个过程中他们的角色可以互换。

学生能够进行这种角色扮演主要是他们在学习问题上存在一定差距，运用这种教学策略的难点之一就是怎样衡量和认识这种知识上的差距。情境角色扮演要求若干个学生，按照与当前学习主题密切相关的情境分别扮演不同的角色，营造身临其境的氛围，学生能够设身处地地体验、理解学习的内容和学习主题的要求。

4. 协同

协同就是多个学习者共同完成某个学习任务，在共同完成任务的过程中，学习者需要发挥自己在认知上的特点，相互帮助、相互提示，分工合作，学习者对学习内容的掌握在和搭档密切交流中逐渐提高。基于计算机网络的协同学习系统，让更多的学习者通过网络解答系统中所出现的问题。

他们之间的沟通和协作通过公共区域实现，进行紧密合作分工才能解决问题。在开始前每个学习者都要先和其他学习者进行讨论，交换意见。

二、情境化教学模式

（一）模式内容

角色扮演促使学生与作者、教者及文中的人物走在一起，将学生置身在阅读活动中，变理解文字为感悟生活，体会情感中始终伴随着的微妙情感表达，学生之情与文章的情感紧密结合在一起，在交流和共鸣中得到深层次的领悟和自我价值的提升。

情境教学模式以案例或情境为载体引导学生自主探究性学习，可以提高学生的分析和解决实际问题的能力。情境教学对培养学生情感、启迪思维、发展想象、开发智力等方面有独到之处。

采用情境教学模式可以通过三个教学阶段来完成：感知—理解—深化。感知包括创造画面、引入情境、形成表象；理解包括进入情境、理解课程、获得感情；深化包括再现情境、丰富想象、深化感情。情境教学模式主要有以下特点。

1. 获得心理体验

情境教学以生动形象的场景作为背景，激发学生学习和练习的激情。主动体验的情感要求通过教师的语言，把情感寓于教材内容之中，课堂上形成了一个心理场，作用在学生的心理上。

情境教学倡导情趣和意象，为学生创造了一个广阔的想象空间。其具有的广远性，能够促进学生更加深刻地理解和掌握教材，激发学生们的想象力。

2. 生动形象

情境并不是再现实体，而是对模拟的一种简化。能够让学生获得类似的形象感知，带给学生真实的体验感觉。

3. 知、情、意、行融成一体

情境教学模式为学生创造了一个特定的教学情境，通过用生活显示情境、音乐渲染情境、实物演示情境、角色扮演情境、直观再现情境、语言描绘情境等方法将学生带入一种情境。让他们产生一种内心的体验和感受，克服各种困难障碍，积极进行练习，将知、情、意、行融为一体。

（二）模式应用

1．实物演示情境

有必要的背景，实物作为中心，构成一个整体，演示某种特定的情境，在实物演示的过程中，考虑到相应的背景，如蓝天上的燕子、大海里的鲸等。通过背景激发学生的想象力。

2．生活展现情境

让学生进入社会，深入大自然，学生观察的客体从生活中选取某一个典型的场景，通过教师的语言，鲜活地展现在学生眼前。

3．音乐渲染情境

音乐的语言是微妙的，给人丰富的美感，使人心旷神怡，塑造出音乐的形象，让听众能够留存在意境之中。用音乐渲染情境，并不局限于听到的流行音乐。教师也可以自己演奏音乐或者轻唱，还可以让学生自己演奏、哼唱，关键在于选择的音乐和教材能够处于同一个基调、意境和情境之中。

4．图画再现情境

图画是展示形象的最佳手段，用图画可以重现课文的情境，让课文的内容形象化和具体化。课文插图、剪贴画等都可以用来再现课文情境。

5．语言描述情境

情境教学非常讲究直观手段和语言描述相结合，当情境出现时，教师会伴着语言描绘，对学生的认知活动起到一定的导向性作用，语言描绘提高了感知的效应，使情境更加生动鲜活，将感情色彩作用在学生的感官中。学生受到感官刺激后，主观能动性得到加强，激发了学生的情感，促进学生进入特定的情境。

6．表演体会情境

在情境教学中的表演主要有两种形式：进入角色和扮演角色。进入角色就是学生自己假设是课文中的某个角色；扮演角色就是担当课文中的某一个角色进行表演。这时候课文中的角色不只停留在书本上，而是由学生表现出来，让学生对课文中的角色产生亲切感。

三、抛锚式教学模式

（一）模式内容

受到建构主义学习理论的影响，以技术学为基础的一种重要的教学类型。抛锚式教学就是教师在教学时为学生提供真实的学习情境，使整个教学过程都建立在生动的事件基础上，将这种确定真实事件的过程称为抛锚。

抛锚式教学模式可以通过师生之间相互沟通交流，让学生们亲身体验从识别学习目标、提出学习目标到实现学习目标的教学过程，师生之间相互沟通交流。从建构主义的角度看，知识不能通过教师的传授获得。学习是在社会文化的背景下借助其他人的帮助，即通过人际间的协作活动而实现的意义建构过程。

认知主义的发展更加重视建构和认知主体的核心地位，通过情境创设、协作等活动建构知识的过程，学习者要想完成对学习知识的意义建构，就要能深刻理解所反映的事物的性质和规律以及与其他事物之间的联系让学习者能够有机会到现实世界中去感受、体验，而不是只听取别人的意见和讲解。

抛锚式教学需要以真实案例作为基础，就是所谓的锚，也被称为实例式教学或基于问题的教学。抛锚式教学需要两条重要的设计原则，即学习和教学活动围绕某一种锚进行设计、课程设计能够让学习者针对所学习的内容进行探索。

（二）模式应用

1. 设置情境

学习的内容能够和现实情况保持一致，或者出现类似的情况。

2. 确定问题

在设置的情境中能够选择和当前学习主题相关的真实事件或者问题作为学习的中心，学生在遇到问题后能够立刻解决。

3. 自主学习

教师不能告诉学生如何解决问题，而是向学生提供应该如何解决问题的线索，如需要收集什么资料、从什么地方获取信息资料，要特别注意发展学生的"自主学习"能力。

（1）具备学习内容的能力，为完成与给定问题有关的学习任务所需要的知识点清单。

（2）获取有关信息与资料的能力，知道从何处获取以及如何获取所需的信息与资料。

（3）利用、评价有关信息与资料的能力。

4. 协作学习

通过不同观点的交锋，补充、修正、加深每个学生对当前问题的理解。

5. 效果评价

抛锚式教学要求学生解决面临的现实问题，学习的过程就是解决问题的过程。这个过程直接反映了学生们的学习效果。对教学效果的评价，需要独立于教学过程的专门测验，在学习的过程中能够随时进行观察，并且记录下学生们的表现。

四、项目式教学模式概述

（一）模式内容

项目式教学是以现代认知心理学思想、自适应学习理论和探索性学习架构为基础，通过科学研究与工程实践的教学方法，促进学生们主动学习、自主发展出来的一种新型的教学方法。

在项目教学中，学习过程成了人们创造性地进行实践的活动，并不注重最终的结果，更注重完成项目的全过程。在项目教学过程中能够将理论和实践教学进行有机的结合，充分发掘出学生的创造潜能，培养学生自主学习能力、观察能力、科学研究和分析问题的能力、协作和互助能力、交际和交流等综合能力等。

项目教学法的执行全过程包括收集信息、确定项目、制订计划、实施落实、成果展示与结果评价等。

（二）模式应用

1. 确定项目任务

实施项目教学的前提就是能够确定合适的项目，在教学活动开展之前教师能够为学生分析教学内容，确定合适的项目，最终选定的项目要符合教学目标。考虑到学生的学习兴趣和学习需要，所选择的项目和学生的日常经历相关，难度要和学生的知识背景大致相符。

通常情况下，教师会围绕专业能力培养学生，根据专业知识模块提出项目任务，和学生一起充分讨论，最终确定项目的实现目标和具体任务。

2. 制订工作计划

确定项目实施的具体时间和项目活动的计划，以学生作为主体制订项目工作计划，确定工作的步骤和流程。同学之间进行交流，指导教师之间进行沟通，保证项目计划切实可行。

3. 组织项目实施

项目实施要求在信息的收集、方案的设计与实施过程中学生一直处于主导地位。教师只发挥咨询、指导与解答疑惑的作用。学生承担和完成某个具体的项目，掌握专业能力和社会能力。

项目式教学分为两个部分：活动探究和作品制作。活动探究主要是学生基于项目学习的重要组成部分，大部分知识内容和技能都处于活动探究的过程中。学生能够利用教师所提供的信息，以及自己收集到的资料进行整理研究，在项目中不断发现问题，积极寻求解决方案，完善自己的知识体系。

作品制作是学生学习成果的体现。这部分学生运用所学完成作品的制作。在项目实施过程中如果遇到问题，要及时和同学交流，或者找指导教师一起讨论，寻找解决问题的最佳方案。

4. 检查考核评估

当作品完成后，个人或者各个项目小组相互交流项目学习过程中的经验和体会，分享作品制作的成功和喜悦。指导教师进行检查、考核和评分。师生共同讨论和评判项目执行过程中所遇到的问题及其解决办法、成绩评定的原则和本项目的整体分析。

5. 总结评比归档

师生共同对项目教学过程进行全面总结，互相评比学生或学习小组在该项目中的表现。作品总结评价部分需要对两个方面进行评价：教师的指导性评价和学生的自主性评价。

教师的指导性评价要围绕项目实施的过程，激发学生主动学习，树立学生学习的信心，培养学生的学习兴趣与创新能力。

学生的自主评价包括自评、他评和小组对学生的评价。学生的自主评价可以让学生认识到自己的长处和短处，弥补不足，发挥优势，提高自己辨析、判别的能力，激发学习动力。

评价结果按照一定比例计入总分，最后将项目的成果，包括软件、实物、资料、数据全部归档保存，或者集中展示。

第四节　现代体育教学模式的革新与发展

在信息化环境下，体育的教学模式在革新与发展中趋于自主化，不同于以往的以教师为主的体育教学模式，而是让学生自己学习。在信息化环境下学生能利用的资源十分丰富，每个学生都可以自主选择体育课的学习内容。这种方式更加人性化、合理化。

在现代体育教学模式中，学生们可以选择的范围更广，自由地挑选自己最感兴趣的活动项目，提高学习效率。体育教师利用信息技术，结合信息环境，为学生设计体育教学的目标、内容、过程等，为学生提供学习资料，答疑解惑，给予学生耐心的指导和监督。通过主动代替被动的学习方式使学生产生学习兴趣，积极地配合体育教师进行体育教学。

学生们以自我为中心，结合自身实际情况，制订学习方案，教师对他们进行指导，帮助他们改良学习方案，提升学习效率。在信息化环境下的体育教学模式更加自主，全面提升教学质量与效率的关键在于其内容全、互动性强。现代体育教学模式可以引导学生进行自主学习，提升学习的主动性。

一、优化教学内容

我国体育教学计划的统一性，按照统一的教学计划来制订教学目标，导致教学目标的一致性。在信息化时代的背景下，越来越多的人关注健身。教师在实际教学中，教学内容要注意体现健身性以及与休闲型文化联系在一起，在训练的项目上要做到能够吸引学生的注意力，使学生能够发自内心地参与体育教学。

课内的主要任务是学习一些新的知识点，改正错误动作，因而，要充分利用课外的时间加强强化练习、过渡练习、复习与巩固已学的知识与技术，经常锻炼，培养习惯，才能把运动技能上升为熟练化、自动化。在课程内容、教育方式、考核评价等方面进行一系列的转换，重新定位教学模式。

在教学实践中，安排教学内容时要考虑传统运动项目，如三大球、乒乓球、羽毛球、游泳、田径等的优势。利用和创新突破改革难点，建立完善的人才培养体系，积极引进新兴的运动项目，如啦啦操、健美操、瑜伽、体育舞蹈、自行车、野外生存、拓展训练和民族体育项目等内容，以满足学生学习需要的同时，适应社会发展新形势下的人才需求。

大力推进信息技术在教学过程中的普遍应用，促进信息技术与学科课程的整合，逐步实现教学内容的呈现方式、学生的学习方式、教师的教学方式和师生互动方式的变革，充分发挥信息技术的优势，为学生的学习和发展提供丰富多彩的教育环境和有力的学习工具。

二、丰富教学目标

现代教学理论的研究和实践活动表明，学生的智力因素和非智力因素在学习活动中起到关键作用，只有明确体育教学的目标，才能朝着目标不断地努力。对体育教学目标进行优化更新，明确素质教育目标，不仅要发展学生的身体素质和心理健康素质，还要学会 1~2 项的运动技能，掌握科学的健身保健知识和健身方法，适应以后社会发展和健康生活的需要，避免在具体教学实践过程中脱离重点内容和技术。

现代教学模式的构建改变了传统的教学活动中片面强调智力因素的作用，忽视非智力因素的作用的状况。教学模式的目标不只是为了增长学生的知识，培养学生的能力，还要把情感教育、人格教育、品德教育与知识教育结合在一起。体育教师在执教过程中发展学生运动兴趣，摒弃传统守旧的思想理念，培养学生良好的体育素养，勇于突破、敢于创新，养成健康的生活方式，积极参与体育锻炼的习惯，为学生营造一种轻松、自由、快乐的学习氛围。

随着教学模式理论基础的不断充实、实现目标的情意化，其评价必然发生改变。单一的评价方式显然不能全面反映出一个模式的科学与不科学，所以评价标准的多元化是必然的。积极引入一些现代化的、适合当代学生发展的教学模式，除了考虑发展学生体能和运动技能的同时，还要兼顾学生的个体差异和个体需求，将健身性、娱乐性和时尚性等元素积极融入体育教学环境中，激发学生学习兴趣和学习能力，因材施教，深入研究适合当代学生个性发展的教学策略。

三、转变教育观念

现代人们更加重视健康问题，健康体育教学观念逐渐深入人心，高校体育教师将现代健康体育观念等融入教学工作中，对教学模式进行适宜调整，注重"健康教育"和"终身体育"的结合。体育教育是高校教学活动的重要组成部分，在提高人的身体素质，心理健康方面有着重要意义。通过正确和科学的方式对学生进行训练，结合学生体质特征、身体素质等情况提供运动建议，为学生身心健康发展奠定坚实的基础。

传统的教学模式只重视终结评价的作用，忽略了学生学习和练习过程中的评价，因而，学生的学习兴趣、爱好、情感反应都得不到反馈和体现。体育教学不仅是课堂技术教学，更应该培养学生的创新意识，使其适应变化的社会，拥有较强的体育能力。

教师摒弃传统体制、技能教育思想，充分发挥体育课缓解学生压力、放松身心以及娱乐性方面的优势对教学模式进行调整和改进，不再是完成必修课程就结束体育学习，而将其当作一种终身技能与习惯。

这就需要教师在教育理念、教学方法、教育内容和教学评价等方面进行改变，在丰富教学内容的基础上对大学生身心发展的需求进行满足，为学生自我体育观念、终身体育意识等方面的培养提供更多支持。

受应试教育的影响，部分学生和教师对体育教学工作的重视较少，在时代不断发展下人们的这一观念有所改变，观念及思想层次的变化促进了教学模式的转变。在新的教学模式影响下，反向影响学生的意识和思想观念，选项课、俱乐部等模式的出现为学生体育运动兴趣的培养及正确体育意识的形成提供更多支持，体育教学模式正朝着更加科学健康的方向发展。

四、强化教学设计

随着现代化信息技术在课堂教学中的广泛应用，教学模式的实现条件必将走向现代化。学生通过自主学习可以提升院校活动的影响力和号召力，突出学生的主体地位，如在体育教学中运用多媒体教学帮助学生建立正确的技术表象；健美操课运用多媒体技术培养学生的创编能力等。

在体育教学模式的运用过程中，充分利用现代教学手段，将学生的视觉与听觉有机结合起来，往往会取得更好的教学效果。改变学生被动学习专业技能的现象，使学生们在参加实践活动的锻炼中提升自己的体育专业思想，建设交流平台，充分表达自己的想法，丰富专业实践内容，更好地满足学生的发展需求。

五、教学模式多样化

理论研究的目的是指导实践研究，同时，也起到总结实践的作用。如果理论脱离了实践，那必将成为一纸空文。每种教学模式都有其独特的教学思想和教学方法。这就使得每种教学模式必然有不同的优缺点，为了促进高校体育教学质量及效率的提升，使学生掌握更多体育知识、技能，提高学生身体素质及终身体育意识，教师应该采用多元化的教学模式对学生进行教学。

要加强研究的力度与成效，理论研究与实践研究的结合是一条必由之路，教学模式的研究同任何理论的研究趋势一样，必将从一般教学模式研究走向学科教学模式研究，再到课堂教学模式研究。不同的体育项目中教师可以根据项目特点、实际情况、学生基础及接受能力等对教学模式和教学方法等进行调整和选择，吸收其他教学模式的优点，弥补自己的缺点。

课堂教学模式的研究又趋向精细化，包括学期教学模式、单元教学模式、课时教学模式。尤其是有关中小学体育教学模式的理论与实践研究将会得到很好的重视。对某几种教学方法进行联合使用，相互之间取长补短，充分发挥各类教学模式和方法的优势，弥补单一教学模式中的不足，为体育教学模式科学性的提升奠定基础。

第六章 高校体育教学信息化建设探索

高校体育教育是集职业技能、思想品质、身体素质等为一体的德智体全面发展的教育，其教学目的是为社会培养实用型技术人才。高等院校的学生所学专业不同，各专业性质的差异就形成了对学生体能、技能等的不同要求。这是由他们未来从事职业的需要决定的。如果沿用原来的体育教学模式，势必不能满足不同专业的学生的就业需要。因此，高校体育教育应紧密结合学生的职业特点，有针对地选择教学内容和方法，建立与自身相适应的体育教学模式，发挥其功能，以适应学生职业及综合训练的需要。

第一节　运用信息技术进行高校体育教学
改革的意义

当今社会是一个信息社会，体育教学过程也是一个信息传递的过程，在教学中信息传递的方式是多种多样的，除了教师的示范动作、语言外，还可以借助现代信息技术。多媒体组合教学法等先进的教学工具，是教与学的辅助手段，传统的体育教材只是文字叙述，其局限性是显而易见的，信息形式的多样性是多媒体的优势。它以各种形式，从各个角度，从不同侧面，多信息、多视角、全方位、动态地表达科学道理，揭示自然的奥秘。因此，现代信息技术用于教学具有广阔的前景。体育作为融知识传授、技能培养、身体锻炼为一体的学科更是大有用武之地。不论是理论课教学还是实践课教学，应用现代信息技术教学，将会取得事半功倍的效果。它对体育教学改革具有极其深远的意义。

现代信息技术具有许多其他教学手段所不能比拟的技术特点，这些特点对学生的终身体育锻炼具有一定的辅助作用：

（1）教学资源——网络教学为学习和锻炼者提供必要的信息环境，丰富的教学内容和多样的主观形式。学习内容的非线性传递和丰富的教学资源可以为学生创造良好的信息环境，强大的数据库能够尽可能地满足学习者的极大需求，为他们提供多方位的信息资源。

（2）教学活动——交互的网络让教师与学生之间、学生与学生之间进行了亲切的沟通，营造了良好的学习与锻炼的氛围，提供了极具意义的学习与锻炼的团体。学习与锻炼者确定锻炼目标后，进行问题的分析，再从信息工具获取相关联的资料，然后对资料实行分类、综合、建构，利用网络与体育教师或服务器建立的联系或者利用视频会议系统去学习、锻炼以及进行现场讨论，大胆表达自己的想法，也要虚心认真地倾听他人的观点，找出异同，经过慎重研究琢磨，分清优势与劣势，最后做出整理，实现所追求的目标。

（3）锻炼者——交错复杂的网络有利于增强锻炼者参与的积极性与紧密性，有益于合作意识的形成以及互助学习习惯的养成。而这恰恰类似于信息技术课上进行多次强调的学生的动手实践的能力和协作学习的能力。网络教学有说不尽的优点。比如：它可以让学生们更加积极主动地学习，更加乐于参与研究与讨论。在当今的信息时代，作为新时代的公民不仅要将信息技术方面的能力作为基础，而且应该多与人沟通、多实行协作性质的学习，沟通的同时还要与人分享自己所了解到的信息，尽可能地提高信息的利用率，从而创造出新的知识、新的理念、新的想法。

一、有利于实现在教学过程中形成师生之间的动态信息交流

（一）能有效地促进教师转变教学观念

信息时代的突出特点是开放性和跨时空性。信息时代教育对所有地区、所有学校和每一个人来说都是全新的挑战，体育教师只有不断努力学习，充实自己，才能站在时代发展的前沿，把握时代脉搏，迎接新时代的挑战，真正成为实现现代化教育跨越式发展的主力军。学生锻炼兴趣的培养，关键在于体育教师教育学观念的改变，不仅是时代发展的象征，而且对教育的发展起着至关重要的作用。教师通过正确、合理、高效地利用互联网的资源，不仅可以培养自我获取知识与更新知识的能力，而且可以通过计算

机与网络的强大功能探索新的教育体制与教学模式，培养出适应信息时代需求的新型人才，从而确保有较高的教学质量与教学效率，以便与"知识爆炸"和知识迅速更新的发展趋势相适应，使"以人为本"的作用能充分发挥出来，从而最大限度地发挥网络资源的潜能，构建学习的良性循环，培养终身体育锻炼的习惯，达到全面育人的目的。

（二）促进学生主动锻炼

对于不同的学生，体育教师应该应用变化的、合适的、以他们为中心的教学方式方法让每一位同学都能学到知识、得到锻炼。利用现代技术、利用互联网来传递资源，让人们耳目一新的同时也能接受到有用的知识。网络提供的资源信息，丰富了人们的脑海，发展了思维空间，培养了获取新知识的主动性，创新了人们的想法，由此培养的学生才能顺应时代的潮流、适应时代的发展。让学生在互联网上的信息资源中主动地、尽情地、自由地享受学习带来的无限乐趣，从而不断提高学习能力与锻炼能力。这种教学方式从根本上培养了学生们自主、积极学习的能力，为学生的发展、对未来社会的发展都起到了促进作用。

二、有利于学生创新精神与实践能力的培养

为了提高学生们的信息素养，应在已拥有海量资源、多种形式、自觉学习、深刻交流的基础上，最大限度地激发学生们，让他们的兴趣增强，并带动学习的主动性，同时多锻炼与他人的合作能力与互动能力，多领会网络中丰富多彩的资源、素材，多培养自主完成运用、重组、变通、更新教学内容的能力。

教师和学生认真分析体育教育这门学科的性质和具体教学内容的特点，其目的是将教学的内容转变为具有花样形式的、有价值有意义的问题呈现在网络上，引导学生去探索知识，同时还可以培养逻辑思维能力。

教师将全方面的资料编辑、分类、整理到网络上，让学生们主动地去获取，吸收基本的知识，让他们自觉地进行独立思考或者自动地形成集体去讨论所浏览到的问题，而后教师以认真公平的态度，参与并融入学生们的讨论。

三、有利于弥补高校体育教师自身的不足

体育教师完成动作的能力会有所下降也是正常的现象。这就可能导致在选择教学内容的时候，难免会尽可能地回避对于技术要求高或者难以示范的动作，那么教学效果也是不太理想的。这样的问题，运用现代信息技术制作出多媒体课件就可以解决相关。制作多媒体课件时，我们可以把从体操大赛中截取下来的一段单杠动作加入其中，让学生们欣赏体操的美，激发学习兴趣，增加信心，为以后的体操学习做铺垫。然后，通过动画效果演示出本套单杠的联合动作，同时还要将重点和难点巧妙地融入其中。合理地运用暂停、慢放等功能使学生产生更牢的记忆。

四、有利于体育教学管理与研究效率的提高

利用计算机进行教学研究是计算机应用的特长。计算机处理信息速度快、精度高，特别适用于要求复杂的、大计算量的场合和环境。比如大量数据的统计、应用软件的开发、网上调查等。

应用离不开软件的支持，因特网上有大量现成的共享软件可以免费使用。这些软件有针对某一方面设计的专用程序，也有通用程序，需要时可以通过搜索引擎找到相关资源。比如常用的表处理软件 Excel，除了可以进行比较简单的电子表格处理外，还可以通过引入函数的方法进行数学统计操作，并可以把数据制成柱状图、折线图、圆形图、条形图等，使作者要表达的意思清晰明了、一目了然。如体育统计常用的求方差、回归分析等都需要进行大量的运算，运用计算机技术就可以减少劳动量，提高工作效率。计算机和网络技术的引入，为开展体育教学研究开拓了新的领域，提供了更科学有效的方法；应用计算机模拟和仿真技术而开展的学生体质发展模式研究，给体育教学研究带来了新的革命。

第二节　现代信息技术在高校体育教学中应用的主要问题及对策

一、信息技术条件下高校教师角色的定位问题

角色本是戏剧中的名词,指演员扮演的剧中人物。20世纪二三十年代,一些社会学者将它引入社会学,进而发展为社会学的基本理论之一。社会学中社会角色是指与人们的某种社会地位、身份相一致的一套权利、义务的规范与行为模式。它是人们对具有特定身份的人的行为期望,构成社会群体或组织的基础。我国教师职业出现在春秋时期,时代发展至今,现代教师的角色已十分复杂。美国著名学者约翰·麦金泰尔等在教师角色的论述中,提出教师的角色主要有组织者角色、交流者角色、激发者角色、管理者角色、革新者角色、咨询者角色、伦理者角色、职业角色、政治角色、法律角色等。其主要包括社会对教师的角色期待、教师角色的扮演以及教师职业角色的形成三方面。这里主要探讨的是信息技术条件下高校体育教师的角色定位问题。

体育教师在教学实践中,不仅要注意自己的身体形象,保持良好的身体素质,这远比理论和语言上的说服教育要有效得多。高校体育教师必须通晓大学生身心发展规律,熟知教学规范,掌握高校体育教学的基本方法和技能。在信息化时代,高校体育教师不仅需要具备精深的专业知识,而且必须具备基本的信息素质和信息技术运用能力。体育教师应当是学者型的教师,还应当具备组织管理能力、表达能力、体育科学研究能力、现代教育技术运用能力。当前,体育教学现代化的过程中,不可避免地出现终身化、个性化、国际化、大众化和生活化的趋势。"五化"包含了人与人(社会)、人与技术、人与环境以及人自身身心的和谐与协调。"五化"的"化"的基本途径在于体育教学。过去主要从人之身心发展的角度去探讨与研究体育教学,以信息技术为龙头的现代信息技术不仅在改变现代人的特质,

也在不断改变和影响着体育教学。信息时代的到来，高校体育教师角色也必须适应信息化社会的发展，更新观念，实现传统教师角色向现代教师角色的转变。

信息化社会高校体育教师不再是传统的教书匠。现代社会要求高校体育教师不仅要四肢发达，而且还必须具备较高的整体综合素质。就未来人才的培养而言，社会实际上并不是需要体育教师把所有的学生都培养成会打篮球、踢足球的人才，社会更需要的是具有健康体质的有用之才。社会要求高等学校培养出来的人具有良好的社会适应能力，能直接为社会所接受。因而社会要求高校体育教师不是仅仅懂得体育技术的单一知识的体育学科技能的传播者，而是要求体育教师是体质健康、知识广博、技能熟练，各方面教学能力较高的学者型教师。

教师一向被认为是传道、授业、解惑者。在传统的教学过程中，教师的地位举足轻重，是教学的主导者，集教学内容的传播者、教学策略的设计者、学习效果的评价者等多种角色于一体。随着信息技术的发展，多媒体、计算机网络在教学中的应用，使得教师与学生的角色、职责都发生了改变。信息化社会的到来促使人们的思想发生了急剧的变化。如今人们对高校体育教师寄予了较高的期望。信息化社会高校体育教师必须掌握现代信息技术。高校体育教师要破除那种"一次教育，终身享用"的思想，随着网络技术的出现，体育信息的更新也呈几何级数增长，任何专家或学者都需要不断学习和更新知识，才能适应快速发展的信息社会。

信息时代高校体育教师承担着体育教学者和体育科研工作者的双重角色，必须掌握因特网这一工具，不仅要知道一般搜索引擎的使用，更要掌握专业性的搜索引擎的使用。现代信息技术教学能否成为体育教学的重要教学手段，有一个关键因素，那就是体育教师的多媒体信息素质。互联网的快速发展，使教师从网上可以获得大量的相关知识，可以借鉴同行的教学经验，丰富教师的教学手段，并不断创新体育教学。

高校体育教师要从学术研究和体育教学的需求出发，掌握并使用国外和国内先进的有关综合性学术信息检索系统和与体育有关的专业检索工具，为体育教学和科研服务。对于体育专业的学生和有志从事体育科研的学生有必要向他们介绍检索的具体方式方法，使他们少走弯路，提高使用信息技术的效率和质量。

为保证高校体育教学质量，高校体育教师专业化势在必行。体育是技术性较强的专业，而本科没有经过系统训练的体育研究生很难向体育教师的专业化转变，很难胜任高校体育的术科教学，更谈不上信息化教学了。信息时代高校体育教师的专业化要求教师是具备教师专业精神和"复合型"的专业知识和能力的创造者。信息时代是学习型的时代，高校体育教师必须掌握信息技术，具备自学能力，并通过各种方式培训，使自己紧跟时代发展，成为创新型的导师。高校体育教师在信息化社会中，既应具备适应体育教学这一学科的专门素质、扎实的专业技能和理论知识，又必须掌握现代社会的信息传播、编辑和应用能力，适应时代的发展，转变观念，更新知识，以积极的态度迎接信息技术的挑战，从而创造出多元化的高效体育教学模式。

综上所述，信息化技术条件下高校体育教师是高校体育信息化课程与教学的设计者和开发者，高校体育教育教学的研究者和创新者，学生体育学习的组织者和引导者，学生自主学习的促进者，群体的协作者，学生体育学习的评价者和坚持终身学习的学者。

二、信息技术条件下高校学生角色的定位

面向未来的人才必须学会生存、学会学习和创造。随着信息技术的迅速发展，各种媒体的操作逐步走向"傻瓜化"。就计算机来说，它所解决的问题越来越复杂，但操作却越来越简单。我们的信息技术教育决不能停留在技术层面，更多的应该培养学生利用信息工具获取信息、分析信息、加工信息、表达信息和创造信息的能力。信息技术教育更多的应该是融入各科教学。

网络技术对教育教学的冲击，不可避免地引发了作为教育教学主体的学生方面的变化。学生概念的外延因此大大扩展，学生角色需要重新诠释，同时，网络环境下的全新教育教学的理念和方式方法也对学生的学习能力和方式提出了变革性的要求。信息技术条件下，学生角色地位已由原来的被动接受知识灌输的对象转变为主动学习主体，从被动的旁观者转变为积极的参与者；学生成为教学过程的主体和中心。这使学生的学习行为具有

主动性、互动性和创造性等方面的特征。

无论从教育的目的、从伦理还是教学效果来看，学习都应当是"乐"而非"苦"的，体育教学更应该要"乐"。由于"学苦"观念的根深蒂固以及从应试教育下让人不得不苦的教学方式，再加上许多教师和家长教育的不得法，我们的学生从观念到实践都是"读书苦，苦读书"。对学生来说，首先要改变的观念和形象也许是从苦学到乐学，体育技能的学习尤其需要变苦学为乐学。体育学习活动本身应该，也能够是快乐的，要积极去寻找，去尝试，去体验体育学习过程的快乐。要学会在快乐中学习，在学习中快乐。乐学是学习的最高境界，信息技术的应用为乐学提供了实现的条件。

以信息技术为核心的数字化学习环境和学习方式，不同于传统的学习方式，其特点如下：学习是以学生为中心、以问题为中心，学习过程是进行交流的学习者之间进行协商与合作，学习是具有创造性和再生性的，学习是可以随时随地并且终身的。信息化时代，体育教学不再仅限于传统的"班级授课制"这种单一的教学组织形式，而是传统教育、个别化教育、远程教育相结合，多种教学和学习形式并存，多种功能的教育相融合，重在个别化教育和创新性自主学习，使教育者具有极大的选择余地和发展空间。

在信息社会中，学校已经不再是获取体育知识和信息的唯一和主要渠道，公共运动场、电视、报纸、电台、书籍等，都在提供着获取及运用体育知识的机会。信息技术条件下，高校学生角色不再是被动的体育技能与体育知识的学习者，而是主动的体育技能、体育知识、健康知识学习与实践者。学生不仅要学会进行数字化学习，还要会利用信息工具进行知识的重构和创造。信息技术条件下，在高校体育教学中，学生应成为主动的，具有协作精神和创造性的学习者。高校学生不仅需要具备自我管理和调控能力，还必须具备体育信息的获取、评价、管理与加工处理的能力。此外，学生必须具备基本的交流与协作能力。

高校体育教师与学生之间是平等的共同体、学习的合作者。这并非意味着教师权威角色的完全消失。教师从体育知识的掌握、经验的获得、自身具备的能力以及对教育目标、教育内容、教育手段、教学组织形式等的理解和运用上特别是在动作技术的感受性方面均比学生更具有优势。因而学生不仅不能漠视教师的作用，相反更应重视教师的作用。建立一种平等、宽容与和谐的新型师生关系，需要教师与学生的共同努力。

综上所述，信息化时代的高校体育教学中，学生的角色应该是体育教学活动的参与者与建设者、体育运动技能和健康知识的主动接受者、探索者、学习者和实践者，既能独立探究，又善于合作和协作学习的具有一定体育信息素养的创新型人才。

三、现代信息技术条件下高校体育教学整合的问题及对策

（一）整合的内涵与实质

整合就是指通过综合、融合、积存、集成，使事物成为统一的有机整体。从哲学的角度上来看，整合是任意种类的相关的事物或因素之间产生相互作用，从而组成和融合为一个新的统一体的过程。在此过程中，事物与事物之间会产生综合的、全方位的融合。在教育的角度上来看，整合一般是表示"整体综合、渗透、重组、互补、凝聚"等意思。信息技术与课程整合的意思是在具备先进的教育思想、教学理论的指导的条件下，运用计算机技术、通信技术、网络技术等信息技术，优化学生对自主学习的认知、情感方面的激励和教学环境的丰富性创设，同时将这些方面全方位地应用到各个学科的教学当中，让教学的各类资源、教学的各种要素和教学的各个环节，通过整理、组合、融合、整体优化，产生聚集效应，这样就可以推动传统教学方式产生根本变革，也可实现学生们创新精神的培养和实践能力的提高。

信息技术与学科教学整合的目的是促进教师教学方式、学生学习方式和师生互动方式的改革，为学生的多样化学习创造环境，使现代教育技术真正成为学生认知、探究和解决问题的工具，培养学生的信息素养及利用信息技术自主探究、解决问题的能力，提高学生学习的层次和效率。

信息技术与学科教学的整合是将学科教学的内容跟计算机及网络的运用融为一体，既体现了信息技术的强大威力，又满足了学科教学的需求。

高校体育学科教学与信息技术的整合，能丰富体育教学手段、改变学生体育学习方式、提高体育教学效果，而学生利用信息技术学习体育知识

的同时，也能加强对信息技术的理解与运用，提高信息技术的操作水平，实现学科教学与信息技术的"双赢"。

信息技术与高校体育教学整合的实质是将信息技术作为工具，服务于体育教学，有利于新的教学方法的实施。它引发了体育教学观念、教学设计、教学方法、教学互动、教学艺术等方面一系列的探索与思考，是一种全方位的教学改革。信息技术与体育教学的整合不仅仅是信息技术在体育教学中的简单应用。它是附着在新的教学方法之上，为新的教学方法的实施提供工具和信息资源，发挥信息技术的不可替代性。

（二）现代信息技术与高校体育教学整合的内容问题

随着信息技术的广泛应用与飞速发展，为改革传统高校体育教学方法和教学手段带来了新的契机，为学生综合运用所学知识技能提供了新的平台与途径。

信息技术与体育教学整合的理论基础是建构主义。建构主义提倡在教师指导下的、以学习者为中心的学习，既重视学习者的认知主体作用，又不忽视教师的指导作用。教师是意义建构的帮助者、促进者，学生是信息加工的主体，是意义的主动建构者。建构主义主张充分利用各种学习资源，强调情境创设的学习环境和探究式学习策略[①]。尽管信息技术教学手段有很多优势，但是它不能完全代替传统的教学手段。高校体育教学中教师在课堂教学时必须根据体育学科教学内容和学生的特点恰当地应用信息技术进行教学，信息技术不一定是创设教学情景的最佳手段，教学软件的制作技术水平越高也不一定说明信息技术与体育教学就整合得越好。仅从高校体育教学的内容看，它一般包括体育、卫生保健和各种锻炼身体的知识。学校体育教师要按照学校体育教学大纲、体育教材和体育课本规定的内容进行教学活动，因而，在编写大纲与教材时就要将信息技术的应用与整合考虑进去。整合的内容不一定是教学内容的全部，也不是只局限于体育学科，要善于把握体育与其他各学科中有联系、有价值的信息，促进教学综合化、信息化和系统化。

---

①曹秀玲.信息技术与体育课程整合的再认识[J].哈尔滨体育学院学报，2006（1）：
64-65.

　　建立新的教材体系时，要打破传统观念，以人的全面发展为根本，以强身育人为目标，追求更科学、更实用、更具娱乐性、健身性、文化性的教学内容，尽力实现科学的选择、系统的设计和整体的推进；以追求普遍意义为基础，去推崇建设不同特色的教材，把终身体育思想融入整个体育教育中，大力挖掘和充分发挥体育课在潜移默化中对大学生素质的养成，促使全新的教材体系与健康教育更紧密地结合。这个时候，教师要擅长从海量信息中筛选出有价值的、创新的信息，再进行整合，从而取代机械记忆、重复演示、反复练习的内容，加大有效教学的力度，与终身体育教学的目标更进一步。

　　当然，整合并不能解决体育教学中的所有问题，而应从实际出发，寻找最佳结合点，突出教学重点，解决难点，探索规律，启发思维。信息技术与高校体育教学的整合包括与体育理论课和技能术科课教学整合。整合的实质是使信息技术成为体育教学的有机部分，与体育教学内容、体育教学资源和体育教学评价等实现有机的结合。

　　要实现信息技术与高校体育教学的整合首先要实现教学内容的数字化信息化。高校体育教学内容的信息化包括体育教学资源信息数字化，体育教学多媒体化，体育教学信息资源共享。从技术层面来分析，信息技术与体育教学的整合主要包括多媒体课件的应用、人机对话、素材演示、控制模拟、对照分析、动作创新以及科学训练等。

（三）现代信息技术与高校体育教学如何整合的问题

　　高校体育教学与其他学科教学有相同的某些特性，但又明显不同于其他学科教学。体育教学更多的应该强调的是其特殊性。因而，信息技术与高校体育教学的整合也更要突出其特殊性。信息时代的突出特点是开放性和跨时空性。关于现代信息技术与高校体育教学如何整合的争议有在两种观点：一是把信息技术整合当作纯粹的工具应用，只要有信息技术应用于教学就叫整合。二是信息技术不仅仅是一种工具，更是一种方法、手段和意识，现代信息技术与教学的整合是一种难分彼此的互相融合与渗透，整合不仅强调应用，更应强调一种信息意识、信息素养与能力的形成。无疑，第一种观点是比较肤浅的，第二种观点才比较深刻地反映了整合的本质。现代信息技术与教学整合有互动的因素在其中。我们可以讲信息技术与教学整合，却不能讲信息技术与教学应用，可见整合侧重于双向的关系，而应用侧重于单向，整合与应用有交叉和重叠的地方，整合涵盖了应用的精华成分，因而"整合"等于"应用"的说法是片面的。

信息技术对体育教育的发展将起着巨大的推进作用，将影响体育教育的各个方面，体育教育的改革与创新需要信息技术的紧密配合。信息技术与高校体育教学如何整合呢？首先，现代信息技术将有效地优化体育教育环境；其次，利用现代信息技术是终身体育教育的第一选择；再次，运用现代信息技术逐步实现教学过程中师生间的动态信息交流；最后，运用现代信息技术培养学生创新精神实践能力。信息技术与高校体育教学的整合必将促进高校体育教学向信息化方向发展。

体育教育信息化是教育现代化的一部分，因此体育教育信息化必然有以下走向：①教学过程中教的单极化走向合作化；②从单一运动场上的技术学习走向多环境下技术学习；③学习活动中的群体化走向非群体化；④体育教学走向学习情景的虚拟化；⑤体育教学模式由单一化走向多元化；⑥为体育函授教学提供了更广阔的舞台和空间。

体育实践所运用的信息技术都带有明显的体育专业特点，现代信息技术被引入体育教育领域，提升了人们运用信息技术为体育服务的意识及其质量。现代信息技术与高校体育教学的整合不仅包括和体育教学、训练关系特别密切的多媒体课件的制作、体育微课教学和素材的采编，还包括无线网络、虚拟现实技术在体育领域的应用和体育文献资料的检索等。

参 考 文 献

[1] 曹电康. 信息化时代体育教学思维转变及其改革发展探索[M]. 北京：中国水利水电社出版社，2018.

[2] 马腾，孔凌鹤. 现代体育教学改革与信息化发展研究[M]. 北京：中国商业出版社，2018.

[3] 冯坤野. 体育教学的信息化教学理论与实践研究[M]. 北京：中国水利水电出版社，2018.

[4] 程晖. 体育新课程背景下学校体育理论研究[M]. 北京：科学出版社，2016.

[5] 张劲松，张树巍. 高校体育管理理论与实践[M]. 沈阳：东北大学出版社，2016.

[6] 肖林鹏. 现代体育管理[M]. 3 版. 北京：北京体育大学出版社，2015.

[7] 景亚琴. 信息化教学[M]. 北京：国防工业出版社，2014.

[8] 李启迪. 体育教学基本理论研究[M]. 北京：北京师范大学出版社，2014.

[9] 张瑞林. 学校体育管理学[M]. 北京：高等教育出版社，2014.

[10] 陆有铨. 现代西方教育哲学[M]. 北京：北京大学出版社，2012.

[11] 刘丽群. 课堂讲授策略[M]. 北京：北京师范大学出版社，2012.

[12] 姜新生. 个别化教学策略[M]. 北京：人民教育出版社，2012.

[13] 毛振明. 体育教学论[M]. 2 版. 北京：高等教育出版社，2011.

[14] 张筱兰，郭绍青. 信息化教学[M]. 北京：高等教育出版社，2010.

[15] 李朝辉. 教学论[M]. 北京：清华大学出版社，2010.

[16] 毛振明，于素梅. 体育教学评价技巧与案例[M]. 北京：北京师范大学出版社，2009.

[17] 王德清. 课堂教学管理学[M]. 重庆：西南大学出版社，2009.

[18] 潘绍伟，于可红. 学校体育学[M]. 2 版. 北京：高等教育出版社，2008.

[19] 杨雪芹,刘定一.体育教学设计[M].桂林:广西师范大学出版社,2008.

[20] 龚坚，张新.体育教育学[M].重庆：西南大学出版社,2006.

[21] 周士华.现代教育理论[M].武汉：华中科技大学出版社,2003.

[22] 毛振明,毛振纲.体育教学内容改革与新体育运动项目[M].北京：北京体育大学出版社,2002.

[23] 钟祖荣.学习指导的理论与实践[M].北京：教育科学出版社,2001.

[24] 袁振国.当代教育学[M].北京：科学教育出版社,1998.

[25] 王策三.教学论稿[M].北京：人民教育出版社,1998.

[26] 联合国教科文组织.学会生存：教育世界的今天和明天[M].北京：教育科学出版社,1996.

[27] 王道俊，王汉澜.教育学[M].北京：人民教育出版社,1994.

[28] 方诚.新课改背景下体育教学创新研究[J].成才之路,2016,（7）：9.

[29] 徐薇，王敏.多媒体课件在体育教学中的应用[J].哈尔滨体育学院学报,2014,22（1）：70-72.

[30] 刚红光."探究式教学法"体育教学巾的应用[J].现代企业教育,2011（22）：185-186.

[31] 鞠峰.体育社会科学新学科形成的基本要素[J].科技促进发展,2007（37）：19.

[32] 黄起东.体育多媒体 CAI 课件设计与开发[J].边疆经济与文化,2007（10）：162-164.

[33] 万文君，黄智武.高校体育教学网络课程的设计与开发[J].北京体育大学学报,2006,29（10）：1416-1417.

[34] 张学忠，毛振明.体育教学论的概念、性质、对象和任务的研究[J].成都体育学院学报,2005,31（4）：108.

[35] 童莹娟，李秀梅.道家思想对中国体育文化的影响管窥[J].体育文化导刊,2005（4）：75.

[36] 张传隧.论 21 世纪中国教学论发展趋向[J].广西师范大学学报,2002,38（7）：32.